Matteo Liberatore

Kurze Kritik der Schrift des Priesters Curci

Matteo Liberatore

Kurze Kritik der Schrift des Priesters Curci

ISBN/EAN: 9783743339705

Hergestellt in Europa, USA, Kanada, Australien, Japan

Cover: Foto ©Lupo / pixelio.de

Manufactured and distributed by brebook publishing software (www.brebook.com)

Matteo Liberatore

Kurze Kritik der Schrift des Priesters Curci

Kurze Kritik

der

Schrift des Priesters Curci

„Das gegenwärtige Zerwürfniß

zwischen

der Kirche und Italien."

Von einem Priester der Gesellschaft Jesu.

Aus dem Italienischen

von

einem Priester derselben Gesellschaft.

Regensburg, New York & Cincinnati,
Druck und Verlag von Friedrich Pustet.
1878.

Vorwort des deutschen Uebersetzers.

Die Geschichte eines Unglücklichen beleuchten ist niemals eine angenehme Arbeit. Wenn aber der Verirrte selbst durch ungerechte Angriffe dazu herausfordert, so wird diese Arbeit zur Pflicht.

Karl Maria Curci hat unmittelbar nach seiner Entlassung aus der Gesellschaft Jesu die besten Katholiken Italiens, seine früheren Oberen und Mitbrüder, und vollends unseren großen nun in Gott ruhenden heil. Vater, den unvergeßlichen Papst Pius IX., in einer Weise angegriffen, daß Stillschweigen Verrath wäre.

Er hat dies in seiner kürzlich zu Florenz erschienenen Broschüre „Il moderno dissidio tra la Chiesa e l'Italia" gethan, die er in leidenschaftlicher Ueberstürzung zusammengeschrieben und, trotz der Mahnung durch den erzbischöflichen Generalvikar zu Florenz, ohne das Imprimatur der kirchlichen Behörde herausgab, um vor aller Welt zu beweisen, daß er als Weltpriester nicht gehorsamer geworden, als er im Ordensleben gewesen war.

In dieser Schrift vertritt der Verfasser ganz den Standpunkt jener Zwitter innerhalb der h. Kirche, welche wir als liberale Katholiken bezeichnen und beklagen. Die menschliche Schwachheit und die um sich greifende Charakterschwäche der liberalisirten Generation wird immerfort solche Zwischenträger zwischen den beiden Heerlagern des Geisteskampfes unserer Tage hervorbringen. Ist Curci wegen seines theoretischen Irrthums in einem wenig ehrenhaften Schwanken zwischen Wahrheit und Lüge, so tritt er bei Schilderung seiner letzten persönlichen Erlebnisse vollends mit Behauptungen auf, welche geradezu gegen das achte Gebot Gottes verstoßen und seine eigenen zwei Seelenleiden, den Größen- und den Verfolgungswahn, offen vor aller Welt enthüllen. Der Mann sucht für seine Ideen und für seine werthe Person Propaganda nicht blos in Italien, sondern auch in Deutschland und Frankreich zu machen. Deßhalb erscheint diese deutsche Uebersetzung der italienischen Gegenschrift gegen Curci.

Der Uebersetzer kennt den Herrn Curci persönlich und ist ebendarum über das neueste Auftreten des Mannes **nicht erstaunt**.

In der Uebersetzung der vorliegenden Schrift „Breve Esame dell' opusculo del sac. Curci Il moderno dissidio tra la Chiesa e l' Italia, per un P. della Comp. di Gesù" (Roma, tipografia poligletto 1878) erlaubten wir uns hie und da kleine Auslassungen und Veränderungen, je nachdem uns solche für Deutschland nöthig schienen. Im Uebrigen wünschen wir unserem Schriftchen eine gütige Aufnahme bei den deutschen Katholiken. Möge es zur Ehre Gottes und zur Verherrlichung seiner heiligen Kirche wenigstens Etwas beitragen.

10. Februar 1878.

Einleitung.

Die Schrift des Priesters Curci, über welche wir eine kurze Untersuchung im Folgenden anstellen, ist nicht so schlecht, daß sie den Liberalen gefallen könnte, aber auf der anderen Seite auch nicht so fehlerlos, daß sie von den Katholiken hingenommen werden dürfte. Daher ist sie von beiden Seiten abgelehnt worden, „vor Gott mißfällig und vor seinen Feinden (Dante)." Was die Katholiken betrifft, so ist ihr einstimmiger Schrei der Entrüstung eine allbekannte Thatsache. In Betreff der Liberalen führen wir nur das Zeugniß der Mailänder »Perseveranza« (N. 6537) an, die in Uebereinstimmung mit den übrigen Partei-Organen die Worte schreibt: „Curci wird für den Tadel, der ihm von seinen früheren Freunden entgegenschallen wird, keinen Ersatz in etwaigen Lobpreisungen und Zustimmungen der [liberalen] Laienwelt finden. Diese letzteren werden ihm thatsächlich ausbleiben, und so muß es kommen. Denn er räth zwar den Klerikalen, zu den Wahl-Urnen zu gehen, und bemüht sich, ihre Gewissen zu beruhigen und sie zu überreden, daß dieses Königreich Italien nicht geradewegs die Hölle ist; aber er geht nicht weiter: er hat Nichts bereut, er versteht noch Nichts, und seine Endabsicht, nach welcher er hinstrebt, ist: vermittelst der Abstimmung der Klerikalen, wenn nicht das Königreich Italien selbst, so doch wenigstens alle von uns bisher eingeärnteten Kultur-Früchte zu vernichten."

Um sich den Liberalen zu empfehlen, muß Herr Curci öffentliche Buße für sein früheres Leben thun — „der Beginn der guten Werke besteht in dem Bekenntniß der bösen Werke" —; er muß in die Geheimnisse der freimaurerischen Sekte sich vertiefen und vor der Welt bekennen, daß er alle Eroberungen der Logen-Kultur erhalten wissen will. Andernfalls muß er sich darein ergeben, sowohl von den aufrichtigen Katholiken, als von den Liberalen abgewiesen zu werden.

Zwischen den zwei vorgenannten Menschen=Klassen steht eine dritte, jene Mittelpartei von halb=katholischen und halb=liberalen Geistern, welche ob diesem Mischmasch liberale Katholiken heißen. Ihnen wird die Schrift Curci's gerade als ein Amalgam von Gut und Bös Vergnügen machen. Außerdem wird es unter den aufrichtigen Katholiken da und dort nicht an Gemüthlichen und Einfältigen mangeln, welchen der hohle Wortschwall die Stelle von Beweisen vertritt; und diese könnten von der ebenso bissigen, als verführerischen Rhetorik des Schriftstellers leicht umnebelt werden. Zur Beschämung der Ersteren und zur Enttäuschung der Letzteren stellen wir daher die folgenden kurzen Erwägungen an, wobei wir, fern von jedem Wörter=Geklingel, nur den streng=logischen Gang einhalten.

Mit Bezug auf unsere Schrift zerfällt natürlich auch unsere Arbeit in zwei Theile: erstens untersuchen wir ausschließlich die hauptsächlichsten Gedanken des Verfassers, denn alle der Reihe nach zu durchgehen, wäre nicht der Mühe werth; zweitens stellen wir jene Thatsache, welche nach der Behauptung des Verfassers Veranlassung zu seiner Schrift gab, in ihr wahres Licht; eine Thatsache, welche scheinbar nur im siebenten Kapitel namentlich behandelt wird, sich aber in Wirklichkeit durch die sämmtlichen Theile der Broschüre Curci's hindurchzieht.

Erster Theil.
Untersuchung der Grundgedanken Curci's.

I.
Die zwei ersten Kapitel.

Zusammenhangslosigkeit der ersten Kapitel mit der Schrift selbst. — Irrthum des Verfassers in Betreff des Glaubens-Aktes. — Andere Schnitzer. — Verschiedenheit der souveränen Gewalt, soweit sie in der Person des Papstes beruht. — Rabulisterei und logische Sprünge des Verfassers.

Beim Lichte betrachtet, beginnt das Werk, das wir näher untersuchen wollen, eigentlich erst mit dem dritten Kapitel, und die zwei ersten sind so ziemlich eitler Ueberfluß. Der Verfasser konnte sich, ohne jeden Nachtheil für seine Arbeit, die Mühe ersparen, dieselben zu diktiren, besonders da er nach seinem eigenen Zeugnisse „in Hast und Ueberstürzung" (in fretta ed a precipizio) vorangehen mußte.

Das erste Kapitel trägt die Ueberschrift: „Die Glaubenssätze und die mit ihnen zusammenhängenden Wahrheiten." Wie locker dasselbe mit dem Ganzen der Schrift zusammenhänge, scheint der Verfasser selbst gefühlt zu haben; denn später beruft er sich darauf nur, um zu zeigen, daß die Wiederherstellung der weltlichen Macht des Papstes kein Glaubenssatz sei, und um seinen Austritt aus dem Orden zu rechtfertigen. Aber den ersten Punkt hätte auch ein gutes altes Weibchen beantworten können; und der zweite hat mit den Dogmen gar Nichts, wohl aber und einzig mit der Tugend des Gehorsams zu thun. So legt sich dem Leser die Meinung nahe, daß der einzige Zweck dieses ersten Kapitels sei, dem Werkchen durch einen gewissen Anstrich von Gelehrsamkeit einiges Gewicht zu geben, da man im weiteren Verlaufe ohnehin blos auf Deklamationen und Schmähungen stößt.

Dem sei, wie ihm wolle. Das Kapitel steht einmal da, und wir dürfen es nicht ganz übergehen.

Auf S. 3 behandelt der Verfasser den Akt des Glaubens und sagt unter Anderem: „Was das formale Glaubens-Objekt, oder nach der Ausdrucksweise der Theologen die Beweggründe betrifft, durch welche wir uns vergewissern können, daß Gott wirklich gesprochen hat, so gibt es deren viele, verschiedene und sehr begründete."

Hier verläuft sich Curci in eine große Konfusion. Denn er verwechselt das formale Objekt des Glaubens mit den Beweggründen zum Glauben. Das formale Objekt des Glaubens ist die Auktorität des offenbarenden Gottes, nicht aber die Beweggründe (motiva credibilitatis), durch welche wir die Gewißheit erlangen können, daß Gott wirklich gesprochen hat. „Das formale Objekt des Glaubens ist die Ur-Wahrheit, insoweit sie in den heiligen Schriften und in der Kirchenlehre, den Ausflüssen der Ur-Wahrheit, geoffenbart wird."[1]

Auch in Beziehung auf das materiale Objekt des Glaubens spricht der Auktor verwirrt, indem er sagt, für die absolute Nothwendigkeit seien die zwei Haupt-Wahrheiten oder höchstens das apostolische Glaubensbekenntniß hinreichend. Die Konfusion Curci's zeigt sich darin, daß er die Nothwendigkeit des Mittels (necessitas medii) und die des Gebotes (nec. praecepti) durch einander wirft. Zur Nothwendigkeit des Mittels gehören und genügen die zwei Hauptwahrheiten. Was aber die Nothwendigkeit des Gebotes betrifft, so ist das bloße Wissen und Glauben des apostolischen Bekenntnisses wohl bei den Einen, nicht aber bei den Anderen hinreichend. Er unterscheidet also nicht die Ungebildeten von den Gebildeten, noch die Ungelehrten von den Gelehrten, besonders von Jenen, welche zur Unterweisung Anderer verpflichtet sind. Hierin ist überhaupt der Verfasser überaus leicht zufrieden zu stellen; denn bei einer späteren Berufung auf dieses Kapitel sagt er (S. 11): „Auch die gebildeten Laien, die jedoch mehr auf weltliche Dinge achten und den profanen Studien obliegen, thäten besser daran, fest auf den eigentlichen zwölf Artikeln des apostolischen Symbolums zu bestehen" und sonst „im Allgemeinen Alles zu glauben, was uns die Kirche lehrt". Dies eben ist die Methode, welche heut zu Tage viele, auch sonst gutgesinnte Laien zu so manchfachen Irrungen in Schrift und Rede verleitet.

Jedoch ist es nicht zu verwundern, daß Curci in diesem Punkt irrt; behauptet er doch in viel gewöhnlicheren Dingen grobe Ungereimtheiten. So ist (S. 20) wohl die einzige Makel Bossuet's „feine aus der heil.

---

[1] S. Thomæ Aq. Summa, 2. 2. q. 5. a. 3. „Formale objectum fidei est veritas prima [Deus], secundum quod manifestatur in scripturis sacris et doctrina Ecclesiæ, quæ procedit ex veritate prima."

Schrift geholte Politik", nicht aber die Vertheidigung der gallikanischen Sätze. Curci nennt (S. 29) Philipp II. von Spanien einen Tyrannen, nach dem Vorbilde jener Liberalen, welche dem großen Könige die unerbittliche Festigkeit in Fernhaltung der Ketzereien von seinen Staaten nicht verzeihen können. Auf S. 37 verwechselt er Klemens VIII. mit Klemens V.; S. 51 legt er die Worte „Potens est etc." den Makkabäischen Brüdern, statt den drei Jünglingen zu Babylon in den Mund; S. 65 schreibt er die Prophezeiung „Regni ejus non erat finis" dem Psalmisten zu, obgleich sie als Worte Gabriels bei Lukas steht; S. 64 verpfuscht er den Satz des Tacitus im Agricola „Cum solitudinem faciunt, pacem appellant", indem er „fecerint" liest und die schöne Sentenz nicht dem britischen Häuptlinge, sondern dem Tacitus selbst als Klage über Sejanus in den Mund legt. Auf S. 125, wo er Galilei erwähnt, verwechselt er den Botschafter Toskana's mit jenem Frankreichs.

Dem zweiten Kapitel gibt Curci die Ueberschrift: „Die gesetzlichen Gewalten und ihre möglichen Veränderungen". Auch bei diesem, übrigens fast wörtlich aus Cenni abgeschriebenen Kapitel weiß man nicht, was es eigentlich da zu thun habe; es müßte denn im Stillen (implicite) den Gedanken in den Geist des Lesers schmuggeln wollen, daß auch der Papst, so gut wie die Fürsten aus dem Laienstande, infolge veränderter Verhältnisse den Thron mit Recht verlieren könne, oder daß man mit Beziehung auf die gegebenen socialen Erfordernisse seine desfallsige Weigerung für unvernünftig (irrationabiliter invitus) erklären dürfte. In der That spielt der Mann bei der ersten günstigen Gelegenheit auf die angeführten Sätze an, indem er (S. 85) sagt: „Daß der Papst mit einer bürgerlichen Souveränetät ausgestattet ist, ändert gar Nichts an der Sache und noch weniger am Wesen der Souveränetät, denn ihr einziges und wesentliches Endziel bleibt ja unverändert so, wie es vom ewigen Gesetze Gottes zum voraus festgestellt ist für die absolute Souveränetät an und für sich, und folgerichtig für alle partikulären Souveränetäten, welche aus jener entstammen und nach jener sich zum Zwecke ihrer eigenen Vollkommenheit gestalten müssen. So lange man daher innerhalb jenes inneren Endziels bleibt, kann man nicht von der einen Souveränetät anders denken, als von einer zweiten, sondern man muß alle zusammen in der nämlichen Weise auffassen, weil die Ur-Idee davon, welche in höchster Vollkommenheit im Geiste Gottes wohnt, nur Eine ist".

Eine kurze Reflexion läßt alsbald den Trugschluß, der hinter diesem Räsonnement steckt, in die Augen springen.

Der Umstand, daß der Papst mit der weltlichen Souveränetät bekleidet ist, modificirt und verändert allerdings nicht das Wesen derselben, sondern er er höhet es; er läßt ihr Endziel unverändert in der Substanz, aber er ändert es in den Beziehungen, indem er es als Mittel zu einem höheren Zwecke dienstbar macht, nämlich zur Ehre Gottes und für die Freiheit seines Reiches auf Erden, d. h. der Kirche. Dies ist der nämliche Vorgang, wie der in der menschlichen Natur in ihrer Vereinigung mit der Gnade. Die Gnade vernichtet nicht, sondern erhöhet die Natur. (Gratia non destruit naturam, sed elevat.) Deßhalb kann und muß man die weltliche Souveränetät, soweit sie dem Papste zukommt, in einem ganz anderen Sinne auffassen, als jene der übrigen Fürsten, wie man ja auch den von der Gnade erhobenen Menschen ganz anders auffaßt, als Jenen, der in der reinen Natürlichkeit geblieben ist.

Der aus der Einheit des Urbildes erborgte Beweis Curci's ist also hinfällig. Und wer weiß? Kann denn die weltliche Souveränetät, insofern sie im Papste ein Mittel zur Unabhängigkeit und Freiheit seiner geistlichen Souveränetät ist, im göttlichen Geiste nicht vielleicht ein ganz besonderes Urbild haben? Wer hat es dem Herrn Curci gesagt, daß Gott von der Souveränetät nur ein einziges generisches Urbild hat, nach welchem sich alle einzelnen Souveränetäten unterschiedslos gestalten müssen? Gerade das Gegentheil möchte das Richtigere sein. Denn wie ein menschlicher Baumeister nicht blos die allgemeine Idee eines Hauses, sondern zugleich jene dieses bestimmten Hauses hat; so und nicht anders ist es auch im Geiste des unerschaffenen Baumeisters. Deßhalb sagt der hl. Thomas in seiner Abhandlung über die göttlichen Urbilder, bei ihm „Ideen", daß man „die Ideen der Einzeldinge in Gott verlegen müsse". (In Deo oportet singularium ponere ideas. Q. III. de Veritate. Q. de ideis, art. 8.)

Aber wir müssen den einen und anderen Punkt dieses Lehrstückes noch genauer besehen.

Curci wollte den Begriff der Legitimität (Rechtmäßigkeit) im Gegensatze zu dem der Legalität (Gesetzlichkeit) erklären und hieraus die Anwendung auf die politische Gewalt machen. Die Sache ist an sich einfach und erfordert nicht lange Untersuchungen. Legal nennt man Alles, was mit dem Gesetze, mag nun dieses gerecht oder ungerecht sein, übereinstimmt. Legitim dagegen ist das, was allein mit dem gerechten Gesetze, demnach mit dem ewigen Gesetze, der Urquelle aller gerechten Gesetze, zusammenstimmt. Der Fürst ist legitim, soweit er einen gerechten Titel seines Königthums besitzt: die Abstammung in den erblichen, die nöthige Stimmenzahl in den Wahl-Monarchieen. Der Usurpator kann einzig durch die Verjährung legitim werden, sofern auch dieser Titel von der göttlichen Weisheit zur Erhaltung der Ordnung und des Friedens in der Welt beabsichtigt war. Die Regierungs-Formen sind legitim, wenn sie auf gerechte Weise, d. h. von Jenen, welche das Recht dazu haben, eingeführt worden sind.

In solcher Fassung sind alle diese Dinge schon beim ersten Blicke so klar und unbestritten, daß sie einer Erklärung oder Beweisführung fast nicht bedürfen. Aber in der Schrift Curci's sind sie in Sophistereien gewickelt; im bunten Durcheinander ist das Abstrakte mit dem Konkreten, die Rechtmäßigkeit mit dem bloßen Nutzen, die Thatsache mit dem Rechte verwechselt, so daß sich endlich ein Potpourri gerechter und ungerechter Revolutionen ergibt, und diese durch die Bank die hohe Genehmigung des Verfassers erhalten.

Zum Beweise seiner ungenauen Methode im Räsonniren wollen wir nur Ein Beispiel anführen. Nachdem er den Satz aufgestellt hat, daß zur Rechtfertigung eines ungerechten Besitzes Jahrzehnte und Jahrhunderte erfordert werden, spricht er dem Grafen von Chambord und dem Könige Franz II. von Neapel sofort das Recht ab, sich mit Waffengewalt wieder in den Besitz ihrer Staaten zu setzen.[1]) Wir sagen nun nicht, daß sie dieses thun müssen, sondern wir machen nur auf die unlogischen Sprünge des Schriftstellers aufmerksam, welchen wir gern fragen möchten, wie viele „Jahrhunderte" friedlichen und unbestrittenen Besitzes über die fraglichen zwei Königreiche hingegangen seien. Frankreich hat, seitdem es sich dem Scepter seiner rechtmäßigen Herrscher entrissen hat, weder Frieden noch Ordnung gehabt, und windet sich eben jetzt krampfhaft unter den verhängnißvollsten Versuchen und Gefahren. In Neapel sodann hat der neue Zustand der Dinge bekanntlich noch nicht sein zweites Jahrzehnt durchlebt.

Aber es ist Zeit, auf den eigentlichen Gegenstand der Schrift Curci's einzugehen.

---

[1]) Curci schreibt (S. 35): „Gott bewahre mich vor dem Gedanken oder Satze, daß der Nächste Beste, welcher es (das allgemeine Beste) zu Stande zu bringen versucht hat, schon durch diese That allein legitim sei; das wäre ja die Theorie der ‚vollbrachten Thatsachen' in ihrer ganzen Nacktheit und Verworfenheit .... Es ist Sache einer nach Jahrzehnten (eigentlich: lustri), ja, wenn man will, nach Jahrhunderten bemessenen Zeit, den thatsächlichen Regierungen auch das Ansehen und den Namen der Legitimität zu verleihen." Unmittelbar darauf fährt er fort: „Schon der bloße Gedanke, daß der Graf von Chambord oder Franz II. sich mit einem Heere vor Paris und Neapel sich einfänden, um mit Gewalt ihre ererbten Throne zurückzuerobern, weil sie die einzig=legitimen Herrscher dieser Königreiche seien, bietet in jedem Falle eine solche Ungeheuerlichkeit, widerstreitet so sehr jeder Idee von Kultur und Christenthum, daß so Etwas jenen beiden ausgezeichneten Fürsten nicht einmal im Traume einfiele."

II.
Das „Dogma vom nahen Triumphe".

Ein eitles Traumbild des Verfassers auf Unkosten der Katholiken. — Was haben diese eigentlich gesagt? — Beweise für das Traumbild.

Das Thema des Verfassers beginnt, wie gesagt, eigentlich erst mit dem dritten Kapitel; aber es beginnt sehr schlecht, nämlich damit, einer reinen Erfindung seiner eigenen Phantasie Fleisch und Blut zu geben. Er stellt den Kernpunkt seiner Streitschrift in folgender Weise fest (S. 42): „Meine ganze Arbeit gipfelt in der Frage: Muß man die Meinung, welche eine mehr oder minder nahe Wiederherstellung der weltlichen Macht, wie vor dem 20. Sept. 1870, als zweifellos und unfehlbar hinstellt, für eine Lehre der Kirche halten?

Er hat sich nach seinen eigenen Worten (S. 43) auf die negative Seite gestellt. „Da ich der Ansicht war, daß jene Meinung nicht von der Kirche zum Glauben vorgestellt sei, so sprach ich dies mein Urtheil in Schrift und Rede aus." Aber, setzt er bei, dies zog ihm eine der herzlosesten Verfolgungen zu, da diejenigen, welche auf die obige Frage mit Ja antworten, kein Bedenken trugen, ihre Meinung zu einem Dogma hinaufzuschrauben. „Die katholische Partei=Strömung, von welcher ich im Eingange sprach, hat daraus zum großen Unrecht an der Kirche und zu ebenso großem Schaden der Seelen ein Dogma des Glaubens gemacht, vor welchem die Sätze des Nicänum's und Tridentinum's in den Schatten treten müssen; sie hat es nicht gestattet, eine entgegengesetzte Meinung auch nur leise zu athmen; und wer es dennoch wagte, dem ist man erbarmungslos und schlimmer zu Leibe gerückt, als wenn er die heiligste Dreieinigkeit oder Christus im Sakramente geläugnet hätte." (S. 65.) — Und an einem anderen Orte (S. 132) behauptet er ferner: „Die bekannte Strömung, die sich auf eigene Faust als Vertreterin des Katholicismus aufspielte, hatte jene Restauration als dreizehnten Artikel des Symbolums hingestellt; und während sie in Betreff der zwölf alten mit sich feilschen ließ, war sie in Beziehung auf diesen neuen Artikel unbeugsam und unerbittlich, und machte mit ihm unermeßlichen Lärm".

Aber um des Himmels willen, Herr Curci! Binden Sie im wachen oder schlafenden Zustande solche Bären auf? Wo und von Wem ist je behauptet worden, daß die mehr oder weniger baldige Wiederherstellung der weltlichen Herrschaft, oder, wie Sie öfter sagen, „der unmittelbar bevorstehende Triumph (l'imminente trionfo)" ein Dogma des Glaubens ist? Sie führen nicht das mindeste Beweisstück an. Sie behaupten und wiederholen es nur so ohne Weiteres, und wünschen, daß man Ihnen auf's

Wort glaube. Da aber Sie den katholischen Tagesblättern, wenn sie die Worte des Papstes bringen, keinen Glauben schenken, ja den Vorwurf der Lüge an den Kopf werfen, so werden Sie entschuldigen, wenn auch wir von Ihnen Beweise und öffentliche Aktenstücke verlangen und unterdessen Ihnen nicht gerade Lüge, wohl aber Phantasterei vorwerfen.[1])

Was die Katholiken mündlich und schriftlich behauptet haben, ist nichts Anderes, als das Folgende: Nachdem der gesammte Episkopat, nebst dem römischen Papste an der Spitze, feierlich erklärt hatten, daß die weltliche Herrschaft für die Freiheit und Unabhängigkeit der Kirche nothwendig sei, so ist dies eine katholische Lehre, welcher kein Gläubiger widerstreben darf.[2]) Auch Sie selbst gestehen es zu, indem Sie (S. 43) schreiben: „Ich spreche hier nicht von der Nothwendigkeit jener weltlichen Macht für die volle Freiheit der Kirche; hierüber besteht eine hochwichtige nicht blos kirchliche, sondern, soweit ich persönlich darüber urtheilen kann, sogar katholische (allgemeine) Lehre". Und weiter unten (S. 57) sagen Sie: „In Betreff der Nothwendigkeit oder Zweckmäßigkeit einer weltlichen Herrschaft der Päpste haben wir gegenwärtig einen Lehr-Ausspruch der Kirche, dem wir das höchste Gewicht beilegen, so daß wir Katholiken insgesammt ihm gehorsame Hinnahme schulden". Nachdem Sie ferner die Aeußerung des Papstes hierüber gebracht haben, schreiben Sie (S. 59) wiederum: „Dieser Lehrsatz erhielt noch größeres Gewicht durch eine öffentliche Erklärung, die später von allen (zu Rom) anwesenden Bischöfen an den Papst gerichtet wurde, in welcher sie jener Lehre freudig zustimmten, was innerhalb weniger Monate auch die (von Rom) abwesenden Bischöfe thaten. Abgesehen von den Koncils-Förmlichkeiten, kann und muß man also sagen, daß dies eine Lehre der allgemeinen Kirche ist; eine Lehre, welcher kein Katholik ohne Schaden für seinen Glauben widerstreben dürfte". — Nun aber hat kein Organ der „katholischen Strömung", wie Sie sich ausdrücken, mehr als das Vorstehende behauptet. Was die fernere oder nähere Restauration dieser weltlichen Herrschaft betrifft, so hat Niemand auf der weiten Welt auch nur davon geträumt, hieraus eine katholische Lehrmeinung, geschweige denn einen förmlichen Glaubenssatz zu machen. Ich for-

---

[1]) Curci S. 57: „Ich bemerke, daß ich nicht geneigt bin, als Lehren der Kirche jene vagen Worte über diesen Gegenstand hinzunehmen, die ein Jeder anders berichtet, noch auch die vertraulichen Mittheilungen, die man auf den Vatikan zurückführt, ja nicht einmal jene Ansichten, die von den öffentlichen Blättern dem Papste zugeschrieben werden. Denn ich bin nicht verpflichtet, diese Zeitungen für wahrheitsliebend zu halten; im Gegentheile bin ich infolge einer nur zu oft gemachten Erfahrung berechtigt, dieselben für lügenhaft anzusehen."

[2]) Allocutio 9. Junii 1862: „Necessarium esse, ut . . . . plenissima libertate exercere, ac majori . . . . utilitate etc."

dere Jedermann zum Beweise des Gegentheils heraus. Ueber diesen Punkt haben vielmehr die katholischen Schriftsteller die Distinktion gebraucht: Entweder sind wir in die letzte Periode der Weltgeschichte eingetreten und stehen am Vorabende der Ankunft des Menschen der Sünde; und dann wird der Papst nicht blos ohne seine weltliche Macht sein, sondern die Kirche wird immer mehr durch neue und wachsende Verfolgungen bis zu jenem von der hl. Schrift prophezeiten Uebermaße des Uebels heimgesucht werden; — oder die Ankunft des Antichrist ist noch fern, und dann wird Gott nach dem gewöhnlichen Gange Seiner Vorsehung wünschen, daß Seine Kirche für die Zukunft in ihren normalen Zustand zurückversetzt werde; er wird also die weltliche Souveränetät, als die Grundbedingung der Freiheit und Ruhe Seiner Kirche, früher oder später wiederherstellen.

In Betreff des Zeitpunktes haben die Katholiken keine verwegenen Sätze aufgestellt, sondern an das gedacht, was Christus Seinen Aposteln auf die Frage: „Wirst Du wohl in dieser Zeit das Königthum Israel wiederherstellen?" geantwortet hat: „Es steht euch nicht zu, Zeit oder Stunde zu wissen, welche der Vater in Seiner Macht festgesetzt hat." Ap.=G. 1, 6 f.

Wenn daher trotzdem einige fromme Seelen jene Restauration für sehr nahe hielten, so wollten sie daraus nicht einen Glaubenssatz, und nicht einmal eine katholische Lehrmeinung, sondern einen Gegenstand der Hoffnung und des Vertrauens auf Gott machen, der ja Alles kann. Ist nun dem Gläubigen eine solche Hoffnung, selbst für den Fall, daß sie trügerisch wäre, verboten? Daher ist es am Ende aller Ende ein thörichtes Unterfangen des Verfassers, wenn er sich mit der Darlegung abmüht, daß die Kirche solch eine ganz nahe Restauration nimmermehr als Glaubenssatz aufstellen könne, weil wir so „nicht eine Lehre, sondern eine Prophezeiung hätten" (S. 48);[1]) auch wäre dies nicht einmal eine von jenen dogmatischen Thatsachen (facta dogmatica), auf welche, wie Curci (S. 49) sagt, man sich in diesem Falle irrthümlich berufen habe.[2])

---

[1]) Jedoch drückt sich Curci auch hier mit schlampiger Allgemeinheit aus, die einem Theologen nicht ansteht. Prophezeiungen können, vorausgesetzt, daß sie einen Theil der göttlichen Offenbarung bilden, wie der Untergang Jerusalems und das Weltgericht, ganz wohl Gegenstand des Glaubens und der kirchlichen Definition sein. Der Verfasser erzählt uns, er habe seine Schrift in dem engen Zeitraume von 50 Tagen diktirt; diese übergroße Eile hat ihn in die Dornen geführt. Sieht auch das Publikum nicht gerade auf die lange oder kurze Zeit, die für die Abfassung einer Broschüre nöthig ist, so will es doch keine Thorheiten lesen.

[2]) Wer hat je die dogmatischen Thatsachen angerufen, um zu beweisen, daß die sehr nahe Restauration ein Gegenstand des Glaubens sei? Vielmehr citirt gerade Curci dieselben, aber irrthümlich, indem er die durch die Kanonisation der Heiligen approbirten Wunder unter die facta dogmatica (!) rechnet.

Aber, wird man uns sagen, wie konnte es dem Herrn Curci auch nur in den Sinn kommen, solche Ammen=Märchen auszuhecken? Wer kann darauf antworten? Wir hörten einmal, ein gewisser Jemand habe in seiner Stube eine Puppe zum Zeitvertreib als Krieger gekleidet, sie muthig mit dem Degen in der Faust angegriffen und durch tödtliche Streiche zu Boden geworfen. Vielleicht hat sich unser Verfasser einen ähnlichen Zeitvertreib machen wollen. Aber jener Jemand blieb mit seinem Spiel innerhalb der vier Wände, während unser Mann damit vor der Oeffentlichkeit auftritt. Man wird uns einwerfen, so Etwas sei mehr als kindisch. Nun ja! Quisque suos patitur manes.

Immerhin läßt sich eine doppelte Quelle dieser Phantasterei Curci's auffinden. Für's Erste wollte der Mann über den angegebenen Gegen=stand eine Schrift abfassen und hatte großes Bedürfniß nach einem Triumphe; zu diesem Zwecke mußte es ihm wie ein gefundener Schatz vorkommen, sich den Gegner nach eigenen Launen zu drapiren. Für's Zweite mußte er seinen Austritt aus der Gesellschaft Jesu rechtfertigen, also sich selbst als Schlachtopfer darstellen. Zu diesem doppelten Zwecke diente ihm die Fik=tion des großen Welt=Betrug's — das „Dogma von der demnächstigen Restauration" —, gegen welches er hatte auftreten wollen, ganz ausge=zeichnet. So hätte ein Guttheil, vielleicht die Mehrzahl seiner Leser aus=gerufen: „O der arme Mann! Er wollte die Geister über einen abenteuer=lichen Irrthum aufklären, und darum hat man ihn verfolgt, ja endlich zum Austritt aus dem Orden gezwungen! Er ist ein Martyrer der Wahrheit." — Ich läugne nicht, daß eine maßlose Einfallspinselei dazu gehörte, in solche Worte auszubrechen. Aber nach dem Zeugnisse der hl. Schrift ist „die Zahl der Thoren unermeßlich". (Stultorum infinitus est numerus. Eccle. 1, 15.)

III.
Sonderbare Auslegung der kirchlichen Erklärung in Betreff der Nothwendigkeit der weltlichen Macht.

Drei Hauptpunkte, durch welche der Verfasser die genannte Erklärung der kirchlichen Behörde vernichtet. — Er betrachtet den Papst nur in Beziehung auf Italien.

Wir haben im Vorhergehenden gesehen, daß der Verfasser die Noth=wendigkeit der weltlichen Herrschaft des Papstes als katholische Kirchenlehre anerkennt, weil sie vom einstimmigen Magisterium der ganzen lehrenden Kirche als solche feierlich erklärt worden ist. Dies hat uns großen Trost verursacht. Aber unsere Freude war so schnell entschwunden, als wir sehen mußten, daß jene Deklaration unter der Feder des Verfassers sich in blauen Dunst auflöste. Er schreibt nämlich (S. 61): „Wenn diese weltliche Herrschaft in jenem Dokumente als nothwendig bezeichnet wird, so sind wir nicht verpflichtet, sie in jener speciellen Bestimmtheit und Verfassung vorauszusetzen, in welcher sie bestand, als sie durch bewaffnetes Einschreiten zerstört wurde; ja die genannte Lehre könnte sich auch bei einer anderen Weise der Souveränetät bestätigen, allerdings nicht in einer solchen nach Art des „Garantien-Gesetzes", dessen unzureichenden Charakter ich in einer eigenen Schrift nachgewiesen habe, sondern in irgend einer anderen Art und Weise, wie sie im Geheimnisse der Rathschlüsse Gottes ruhen könnte. Jedenfalls zeigt sich der hypothetische Charakter der obengenannten Kirchenlehre ganz besonders darin, daß jene Souveränetät zugleich mit der vollsten Freiheit der Kirche, als Mittel zum Zwecke, in Verbindung gebracht wird, woraus folgt, daß, wenn das Letztere nicht eintritt, auch jede Nothwendigkeit des Ersteren aufhört."

Hiermit wird diese feierliche Erklärung der lehrenden Kirche aus zwei Gesichtspunkten illusorisch gemacht; erstens, weil man sie, nach Curci's Meinung, von einer uns unbekannten, im Schooße des göttlichen Geheimnisses verborgenen Souveränetät verstehen könne; zweitens, weil die Nothwendigkeit derselben als bloß hypothetische hingestellt wird, und die Bedingung, von welcher man sie abhängen läßt, sehr leicht gar nicht im Willen Gottes liegen könnte. Demnach wird jene Erklärung möglicher Weise zur Rechtfertigung der Vergangenheit, aber durchaus nicht zu einem Schluß auf die Zukunft dienen können. Ja der Verfasser bewundert in der letzteren Beziehung die göttliche Weisheit, indem er (S. 65) sagt: „Ich denke mir die Sache so: Gott wollte es fügen, daß gerade beim Niedergange jener großartigen christlichen Stiftung (des Kirchenstaates) diese Wahrheit feierlicher, als je zuvor, erklärt und festgestellt würde, damit es Angesichts der Verleumdungen der Gottlosen und Angesichts der Lügen der Irrgläubigen unbestreitbar bliebe, daß die römischen Päpste durch zehn Jahrhunderte sich auf heilige Weise jener weltlichen, der Kirche von Gott verliehenen Unterlage bedienten, wie sie zum nämlichen Zwecke (zu welchem denn?) und in ebenso heiliger Weise durch andere zehn Jahrhunderte, wenn Gott so will, dieses weltlichen Schutzmittels entbehren könnten." — Also eine bloße Schulblos-Erklärung der Päpste für die Vergangenheit! In Beziehung auf die Gegenwart und Zukunft liegt in der Deklaration Nichts; denn wie die weltliche Herrschaft in der Vergangenheit zur Wahrung der Freiheit des Papstes gedient hat, so könne der Verlust der weltlichen Herrschaft künftig zum nämlichen Zwecke dienen!

Der Verfasser bekräftigt nachher diesen Gedanken, indem er uns zu erwägen gibt, daß der Papst in Anbetracht der milderen Sitten und der veränderten socialen Verhältnisse, sowie des Mißbrauch's, welchem der Besitzer einer weltlichen Herrschaft infolge der menschlichen Schwachheit ausgesetzt wäre, auch ohne einen Kirchenstaat die hinreichende und vielleicht dem Zwecke der Kirche geeignetere Freiheit genießen könne. Der Passus (S. 63) ist zwar lang; aber wir wollen ihn wegen seiner Wichtigkeit dennoch wörtlich anführen. „Wenn man bedenkt, schreibt Curci, daß einerseits mancher Papst gerade wegen dieser Hingabe an weltliche Interessen die menschlichen Wirkungen jener irdischen Macht nicht in würdiger Weise hätte gebrauchen können; wenn man anderseits beachtet, daß diese Souveränetät im Interesse ihrer Erhaltung von lauter auswärtigen Mächten abhinge, die besonders in der Gegenwart infolge der bürgerlichen Umwälzungen gegen die Kirche feindliche Gesinnungen hegen, daß sie also zu großer Verwirrung auf dem religiösen Gebiete ausschlagen könnte; — ich wiederhole, wenn man diese Umstände betrachtet, so könnte man ohne sonderlichen Mißgriff zu dem Urtheil, oder vielmehr zu der Vermuthung gelangen, daß die Wiederherstellung der weltlichen Macht selbst nicht in den Plänen der göttlichen Vorsehung liege. Und damit würde man sich entfernt nicht gegen die oben angeführte Kirchenlehre versündigen, weil es ja immerhin aufrecht bliebe, daß die volle Freiheit und die gänzliche Unabhängigkeit dem Papste nur dann erblühte, wenn er Souverän im eigentlichen und strengen Sinne des Wortes wäre. Nichtsdestoweniger könnte auch ein beschränkter Genuß jener Vorrechte, besonders bei unserer vorangeschrittenen Civilisation, noch angehen; fand ja das Nämliche unter ganz anderen Bedingungen vom 4. bis 8. Jahrhunderte, ja sogar unter den heidnischen Cäsaren statt, denn auch damals traten mitunter beträchtliche Zeiträume einer gewissen Ruhe für die Kirche ein, so daß man Kirchen bauen und Koncilien halten konnte, wie man in den liturgischen Büchern ausdrücklich lesen kann. Wer weiß nun, ob nicht Gott in den Schätzen seiner Weisheit für die Kirche irgend eine Konstitution der Heilsverwaltung vorhat, die allerdings nach unserem heutigen Sinne nicht vollkommen, aber doch frei genug wäre, die sich mit der politischen Umgestaltung der Gegenwart vereinbaren ließe und zur Rettung und Heiligung der Seelen geeigneter wäre, als die frühere Souveränetät?"

Also wird unter diesen drei von Curci aufgestellten Gesichtspunkten die kirchliche Definition der Nothwendigkeit einer weltlichen Herrschaft rein eitel und praktisch nutzlos: 1. Weil die Bedingung einer vollen Freiheit des Papstes, auf welcher die Definition beruht, möglicher Weise von Gott nicht gewollt sei; — 2. Weil man darunter eine uns vorderhand noch unbekannte Souveränetät verstehen könne; — 3. Weil auch ohne alle weltliche Souveränetät in den Schätzen der göttlichen Weisheit ein für die

Kirche noch hinreichend freies Wirken liegen könne, welches zur Rettung und Heiligung der Seelen geeigneter wäre.

Dies ist ohne allen Zweifeln eine ganz herrliche Methode, die kirchlichen Entscheidungen hinzunehmen und sich im nämlichen Athemzuge darüber lustig zu machen. Wenn die Kirche eine Lehr-Entscheidung verläßt, so definirt sie nicht Worte ohne Sinn oder Worte von unbekanntem Sinne, sondern sie definirt Begriffe und Sachen. Wenn sie also definirt hat: Die weltliche Souveränetät ist dem Papste nothwendig, so hat sie die Souveränetät in dem Sinne verstanden, in welchem sie von Allen verstanden wird, d. h. als höchste und unabhängige Gewalt. Und anders konnte sie dieselbe gar nicht nehmen, denn die Begriffe von der Wesenheit der Dinge sind unveränderlich. Mit jener Berufung auf die göttliche Weisheit, womit man unsere Begriffe von den Dingen in Zweifel ziehen möchte, würden nicht nur die Dogmen des Glaubens, sondern sogar unser natürliches Wissen in die Brüche gerathen. Man könnte nämlich z. B. in folgender Weise räsonniren: Zufolge den Unterweisungen der Kirche glauben wir an die Auferstehung des Fleisches und halten sie für wahr in dem Sinne, daß ein Jeder von uns den ihm eigenen Körper wieder erhalten wird. Aber wer weiß, ob es im Schooße der göttlichen Weisheit nicht eine andere, uns bisher unbekannte Auferstehung gibt? Ja mit jener sauberen Logik Curci's könnte man sogar das Princip der Kontradiktion in Scherben schlagen, indem man sagte: Wir nehmen dasselbe an, weil das Sein und das Nicht-Sein sich gegenseitig ausschließen. Aber wer weiß, ob es nicht im göttlichen Geiste eine Weise des Sein's gibt, die sich mit der Negation des Sein's gar wohl verträgt?

Zudem sprachen der Papst[1]) und die Bischöfe, als sie die Nothwendigkeit der weltlichen Herrschaft definirten, nach dem augenscheinlichen Wortlaute von jener Souveränetät, welche Gott seiner Kirche geschenkt hatte, und welche der Papst in Wirklichkeit besaß: — „Hunc civilem sanctæ Sedis principatum." Somit ist die Berufung auf eine unbekannte, von der bisherigen verschiedene Souveränetät, selbst wenn sie nicht widersinnig wäre, ein theologischer Schnitzer. Die Bischöfe erklärten, daß der Papst

---

[1]) „— — hunc civilem sanctæ Sedis principalem Romano Pontifici fuisse singulari divinæ providentiæ consilio datum, illumque necessarium esse, ut idem Romanus Pontifex nulli unquam Principi aut civili potestati subjectus supremam universi Dominici gregis pascendi regendique potestatem auctoritatemque ab ipso Christo Domino divinitus acceptam per universam Ecclesiam plenissima libertate exercere, ac majori ejusdem Ecclesia et fidelium bono, utilitate et indigentiis consulere possit." Allocutio SS. D. N. P. P. Pii IX. „Maxima quidem" habita 9. Junii 1862.

nicht Unterthan, ja nicht einmal Gast irgend eines Herrschers sein könne. Ihre Worte lauten: „Wir anerkennen die weltliche Herrschaft des heiligen Stuhles als ein nothwendiges und von der göttlichen Vorsehung gestiftetes Zubehör; und wir stehen nicht an, zu erklären, daß diese gegenwärtige weltliche Souveränetät selbst bei der jetzigen Lage der menschlichen Dinge im Interesse des Rechtes und der freien Regierung der Kirche und der Seelen durchaus unentbehrlich ist. Ohne Zweifel durfte der römische Papst, das Haupt der ganzen Kirche, nicht der Unterthan, ja nicht einmal der Gast irgend eines Herrschers sein, sondern er mußte in einem ihm eigenen Gebiete thronen, auf solche Weise vollkommen freie Selbstbestimmung genießen, in edler, ungestörter und erhabener Unabhängigkeit den katholischen Glauben vertheidigen und das ganze christliche Gemeinwesen lenken und leiten."

Was nun die in jener Definition eingeschlossene Bedingung (Freiheit der kirchlichen Regierung) betrifft, so wissen wir ganz wohl, daß Gott auf kürzere oder längere Zeit es zulassen kann, daß Seine Kirche die Freiheit nicht genieße, wie Er es ja in den drei ersten Jahrhunderten zur Zeit der Verfolgung durch die Heiden geschehen ließ. Aber dies kommt hier nicht in Frage. Die Definition des Papstes und der Bischöfe bezieht sich nämlich auf die rechtliche Ordnung der Dinge, und rechtlich ist die in der Definition eingeschlossene Bedingung der kirchlichen Freiheit geradezu nothwendig. Die Kirche hat ein Recht auf ihre Unabhängigkeit. Alle Katholiken haben ein Recht, die Freiheit der Kirche zu fordern, denn von derselben hängt zugleich ihre persönliche Gewissens=Freiheit ab. Sogar die wüthendsten Liberalen läugnen dies nicht. Die Hypothesis wird als nothwendiges Erforderniß des gesellschaftlichen Rechtes von Allen angenommen. Nun aber stellt die Erklärung der Bischöfe und des Papstes fest, daß jenem Erforderniß ohne die weltliche Unabhängigkeit des heiligen Stuhles nicht kann Genüge geleistet werden. Was hat also hiebei die mögliche göttliche Zulassung einer Unterdrückung der Kirche und der Katholiken noch zu schaffen? Hier handelt es sich um Rechte, nicht um Zulassungen der Vorsehung. Die Kirche hat ein Recht auf den Kirchenstaat, wenn sie ein Recht auf ihre Freiheit besitzt. Nun aber ist diese Bedingung, von welcher jenes Bedingte abhängt, im juridischen Sinne absolut=nothwendig; somit haben die Katholiken einen genügenden Anhaltspunkt für die Regelung ihres Denkens und Handelns.

Am allermeisten mißfällt uns der dritte Gesichtspunkt des Verfassers. Curci hat bei der „Ueberstürzung", mit welcher er arbeitete, gewiß nicht recht Acht gegeben; aber der Grund, den er angibt, ist in seiner Substanz eine Frechheit, die auf Christus selbst in der Person Seines Statthalters geschleudert wird. Nehmen wir dem Satze das Mäntelchen schiefer und halb=dunkler Redensarten, in welche er gewickelt ist, so ergibt sich als des Pudels Kern die unziemliche Behauptung, daß der Papst, von der Idee der weltlichen Herrschaft geblendet, das nicht sieht, was der Herr Curci so sonnenklar durchschaut, nämlich daß die Kirche auch ohne die weltliche Souveränetät eine genügende Freiheit genießen und dann noch besser für das Heil der Seelen sorgen kann. Angesichts der Standhaftigkeit, mit welcher der Papst sein eigenes Recht und jenes der Deklaration und ganzen Haltung des Gesammt=Episkopates vertheidigt, einen derartigen Vorwurf zu erheben, — dazu gehört eine Ueberhebung, deren nähere Bezeichnung wir dem Verfasser selbst überlassen.

Endlich trifft das Beispiel nicht zu, welches der Herr Curci aus der langen Zwischenzeit vom 4. bis 8. Jahrhundert herholt. Denn abgesehen davon, daß die Päpste sofort nach der Abreise Konstantins d. Gr. anfin= gen, in Rom fast souverän zu sein, und daß sie es schon geraume Zeit vor der Ankunft Pipin's in Italien waren, so ergab sich ja die Nothwen= digkeit der weltlichen Macht vorzüglich gerade aus der Auflösung des alten Römer=Reiches in viele Staaten.

Hiebei muß man sich nicht wenig wundern, daß Curci in seiner Dar= stellung der Verhältnisse des Papstthums einzig und allein für Italien besorgt ist und sich kein Haar um die übrige Welt kümmert. Der Papst aber ist nicht ein einfacher Primas von Italien, so daß Alles in Ordnung wäre, wenn er sich mit „Italia" vereinbart hätte. Er ist vielmehr das Haupt der allgemeinen Kirche auf dem ganzen Erdenrunde; jener Kirche, die aus verschiedenen, auf einander eifersüchtigen Nationen besteht. Damit er also allen lieb und werth sei, damit alle gern auf ihn hören und sich von ihm leiten lassen, darf er nicht einer einzelnen Nation unterworfen sein. Dies aber ist nur möglich kraft einer wahrhaften und wirklichen Souveränetät. Bei genauerer Betrachtung der Schrift Curci's bemerkt man leicht, daß sein höchstes Endziel einzig das Interesse Italiens ist; die Kirche, das Heil der Seelen, die Ehre Gottes paradiren darin blos als Flittergold zur Blendung der Einfältigen. Er trägt kein Bedenken, sich mit jener Freiheit für Christi Braut zufrieden zu geben, welche ihr unter den heidnischen Cäsaren und in den Tagen der kurzen Ruhe von blutigen Verfolgungen zu Theil geworden ist. Wahrlich eine heiße Liebe zur Kirche, zu deren Bestem Curci sein Buch geschrieben haben will!

IV.
Die „Strömung".

Die Entdeckung der „Strömung" und ihres Ursprungs in der Person des Papstes. — Verstärkung der „Strömung" durch den vatikanischen Hof, durch Prophezeiungen, durch falsche Schlüsse. — Warum die Enttäuschung kommen mußte, aber nicht gleich Anfangs, sondern erst um's Jahr.

Eine fernere Grille des Verfassers ist die von ihm sogenannte „Strömung", die sich Anfangs als Meinung in Betreff der Restauration des Kirchenstaat's darstellte, nachher in riesigen Verhältnissen anwuchs und dann in seiner Schrift in eine wahre Faktion von Tölpeln, Schurken und Betrügern umgebildet worden ist. Obgleich er nach seinem eigenen Geständnisse nicht weiß, was und wo sie sei, so schildert er doch ihr Entstehen und ihr Wachsthum.[1])

Abgesehen vom Legitimismus, welchen der Verfasser christusfeindlich und widersinnig nennt, den er jedoch bei den Römern von edelmüthigen Gesinnungen hätte ableiten können, wird der erste Ursprung jener Strömung von Curci in die Person des Papstes selbst verlegt. Curci sagt (S. 46): „Der gewöhnliche, weil ganz natürliche Wunsch entsetzter Fürsten, wieder in den Genuß ihrer früheren Rechte eingesetzt zu werden, mußte um so lebhafter im Papste auftreten, nicht nur wegen seiner 25jährigen Regierungs-Gewohnheit, sondern auch weil er, was vielleicht noch niemals in der Geschichte vorgekommen ist, noch ein Guttheil des ihm gewaltsam abgenommenen Gebietes besaß. Um aber im Papste den Gedanken an eine unferne Restauration wach zu erhalten, trugen meines Erachtens außer den genannten menschlichen Beweggründen noch bedeutend mehr die übernatürlichen bei: seine Liebe zur Kirche, für deren Freiheit er die weltliche Herrschaft als gottgewolltes Mittel ansah, und seine vor Gott abgelegten eidlichen Verpflichtungen, das Patrimonium Petri zu erhalten." Das Unglück habe gewollt, daß seine Umgebung, sei es aus Schwäche des Geistes oder Herzens, sei es aus Wohldienerei, ihm diese Selbsttäuschung nicht nur nicht zu benehmen suchte, sondern ihn noch darin bestärkte. „Wenn Jene, welche die Ehre hatten, in seiner Nähe zu weilen, wenigstens nach einem oder nach zwei Jahren so viel geistigen Scharfblick gehabt hätten, um einzusehen, daß jeder Weg zu einer Restauration, menschlich gesprochen, verschlossen war; wenn sie obendrein den Christenmuth gehabt

---

[1]) „In dieser Beziehung mußte ich eine gewisse unklare und räthselhafte Ausdrucksweise wählen und Alles einem gewissen verborgenen Agens, einem geheimnißvollen Werkzeuge und noch öfter einer Strömung zuschreiben, von welchen man nicht recht weiß, was und wo sie sind." Curci, S. 7.

hätten, dies ihm allerdings mit großer Bescheidenheit, aber auch mit ebenso großer Festigkeit, selbst auf die Gefahr seiner Ungnade, offen zu sagen; wenn man, sage ich, so gehandelt hätte, wer kann es ahnen, wie viele Uebel dann der Kirche erspart, welche Güter ihr zu Theil geworden wären?" ...
„Aber statt dessen wurde jene natürliche Sehnsucht nach einer demnächstigen Restauration, die man mit ehrerbietiger Bescheidenheit hätte dämpfen müssen, noch mächtiger von allen Seiten angefacht, wie man ja an fürstlichen Höfen auch bei minder guten Neigungen gewöhnlich thut." (S. 47.)

Hiezu kamen drei Jahre lang **Prophezeiungen**, wie Curci (S. 49) behauptet in den Worten: „Drei lange Jahre lebte man von Prophezeiungen, von welchen Niemand wußte, wie und von wem sie kamen; die fortwährenden Enttäuschungen, welche man durch die Thatsachen in Betreff der ersten erlebte, thaten der Kühnheit, eine zweite, dritte ꝛc. Reihe von Weissagungen aufzutischen, keinen Eintrag; die Propheten von beiderlei Geschlecht waren offenbar Visionäre oder Betrüger. Und während Männer [natürlich Curci], die hiebei unglücklicher Weise das Richtige trafen, ihr großes Verbrechen, welches die Wahrheit in gewissen Fällen und bei gewissen Leuten ist, theuer bezahlen mußten [doch nicht mit Gefängniß?], weiß man nicht, ob die Schmach der verdienten Lächerlichkeit je schwer auf den Häuptern der Lügenpropheten lastete."

Zuletzt habe man statt solcher Prophezeiungen **sophistische Räsonnements** gebraucht. Curci sagt (S. 50): „Der Weissagungen müde, verlegte man sich auf Schlußfolgerungen, die um kein Haar besser waren, als die Orakel, und mit großer Vergeudung von Verstand und Tinte wollte man gleichsam a priori beweisen, daß jene ersehnte Restauration bald eintreten müsse und dann als zweifellose Thatsache vor der Welt dastehen werde."

So also habe sich eine vatikanische „Strömung" gebildet, „welche bald unumschränkte Gebieterin der Meinungen wurde, auch nicht die leiseste entgegengesetzte Ansicht duldete und mit vielleicht minder löblichen Mitteln es dahin brachte, daß sie als katholische oder wenigstens als kirchliche Lehre galt; ein Schimpf für die Kirche, ein Aergerniß für die Schwachen, ein Triumph für die Gottlosen und eine Irreleitung für Alle". (S. 47.)

Bevor wir auf die Sache selbst eingehen, möchten wir den **Theologen** Curci fragen, welcher Unterschied zwischen „katholischer" und „kirchlicher" Lehre sei. Die Antwort hierauf wird er uns ebenso schuldig bleiben, wie auf viele andere Fragen über seine verwirrten Gedanken. Doch zur Sache!

Die Vermessenheit und der Mangel an Logik bei der angeführten Auseinandersetzung springt Jedem in die Augen. Für's Erste wird die Entstehung dieser Meinung, die vom Auktor eine „verderbliche und thörichte" genannt wird, dem hl. Vater selbst zur Last gelegt. Der hl. Thomas aber lehrt uns (Summa 3. q. 89, art. 2), daß das Princip eines Dinges der größte Theil des Dinges selbst ist. (Principium rei est maxima pars ejus.) Nun sei der „große Betrug", von welchem die Rede ist, allerdings durch Schmeichelei, falsche Prophezeiungen und verfehlte Schlüsse genährt, vergrößert und befördert worden, aber das Princip desselben sei eine Ueberzeugung des Papstes gewesen, die man von Rechtswegen allmälig hätte niederkämpfen müssen, die man aber aus Wohldienerei noch gesteigert habe. Sie also ist maxima pars ejus. Und dennoch versichert uns der Verfasser (Vorrede S. VI): er werde nachweisen, daß „bei jenem unwürdigen Mißbrauche die päpstliche Würde niemals betheiligt gewesen sei"; er könne „zu seiner großen Freude darlegen, daß die höchste Würde unbefleckt geblieben sei"!

Für's Zweite tadelt Curci die Umgebung des Papstes bitter, daß sie keine Anstrengungen machte, um den hl. Vater von seiner Meinung abzubringen; und doch wiederholt er zu gleicher Zeit den Satz, daß Niemand sich in solche Sachen einmischen dürfe, da ein Urtheil darüber einzig dem Papste zustehe. Sagt der Mann doch (S. 64): „Die frommen oder leidenschaftlichen Anhänger des „demnächstigen Triumphes" werden über die heillosen Folgen, die bevorstehen und immer ärger hereinbrechen, bittere Thränen vergießen; über die Folgen ihrer unüberlegten Einmischung in eine Sache, welche einzig dem Urtheile und der Fürsorge desjenigen zustand, welchem ausschließlich von Gott das Amt übertragen ist, über diese großen Interessen Seiner Kirche zu wachen".

Fürwahr, wir können auch an dieser Stelle die Logik des Verfassers nicht begreifen. In dieser Materie müsse man das Urtheil ausschließlich dem Papst überlassen; und doch habe die Umgebung die Pflicht gehabt, sich anzustrengen, um ihm eine andere Meinung beizubringen! Ja noch mehr! Es sei eine Einmischung in eine ihnen fremde Sache gewesen, daß die Prälaten den Papst in seiner Meinung bestärkten: — aber es wäre keine Einmischung gewesen, ihm zu widersprechen? Kurz, die Einmischung der Prälaten in das Urtheil des Papstes ist tadelnswerth, jene Curci's ist lobenswerth. Oder ist es keine Einmischung, wenn er öffentlich nachzuweisen versucht, daß die bisher befolgte päpstliche Politik irrig und eine Quelle unzählbarer Leiden für die Kirche und Italien gewesen sei?

Vollends das Wunderlichste ist, daß Curci auf's Genaueste den Zeitpunkt bestimmen kann, in welchem die Hofleute mit „ehrerbietiger Bescheidenheit" ihr heiliges Werk, den Papst von jener Meinung abzubringen, hätten beginnen sollen. Sie mußten dies „ein, höchstens zwei Jahre nach der Eroberung Roms" thun! Aber warum nicht gleich Anfangs? Bildete vielleicht ein oder zwei Jahre eine Verjährung zu Gunsten des Eroberers?

Oder war diese kurze Spanne Zeit die Periode, in welcher eine so gründliche sociale Umwälzung vor sich ging, daß an eine Restauration nicht mehr zu denken war? Vielleicht ist jedoch der folgende Grund die eigentliche Basis der Curci'schen Zeitrechnung. Der Verfasser erzählt uns nämlich, daß auch er im ersten Jahre der Okkupation sich wirksam für die Idee einer Restauration verwandte. Denn nachdem er die **Römische Gesellschaft für die katholischen Interessen** „gestiftet und organisirt" hatte, ließ er durch zweihundert thätige junge Männer über 27,000 Unterschriften römischer Bürger zu Gunsten der weltlichen Souveränetät des Papstes sammeln. So behauptet wenigstens der Verfasser (S. 43). Die Wahrheit aber ist, daß die genannte Gesellschaft nicht von ihm, sondern vom Advokaten Baccelli im Vereine mit anderen römischen Herren gegründet wurde, daß Curci sich ihr anschloß und großen Antheil an der Vereins-Thätigkeit nahm, daß er aber auch bald wieder austrat, weil man seinen Ideen nicht folgen wollte.

Da nun die Sammlung jener Unterschriften in dem Jahre 1870/71 stattfand, so konnte offenbar die Idee einer päpstlichen Restauration, die Unterstützung und Ausbreitung dieser Idee damals nicht tadelswerth sein, wohl aber gleich darauf, besonders darum, weil der Verfasser sofort das Beispiel gab, dem Papste ganz entgegengesetzte, allerdings fruchtlose Vorstellungen zu machen. Curci schreibt hierüber (S. 47): „Der Papst geruhte, mich mit großem Wohlwollen anzuhören; aber am Schlusse scherzte er über meine Kleingläubigkeit und fand meine Anschauungen etwas wunderlich (finì col celiare sulla mia modica fide e darmi un pò dello strano); wobei er ganz Recht hatte, denn diesen Titel („wunderlich") verdient ein Jeder, der durch eine eigene und besondere Idee sich vom großen Haufen abzusondern wagt." Der Verfasser spricht hier wohl nur aus Bescheidenheit vom „Sich Absondern", der eigentliche Sinn seiner Worte aber ist: „klarer blicken, als der große Haufen".

Aber abgesehen von diesen mehr als frechen Behauptungen, sagen wir, daß Curci hier zwei grundverschiedene Dinge verwechselt, nämlich die Restauration des Kirchenstaates und den demnächstigen Eintritt derselben. Letzteres war, wie gesagt, für Einige ein Gegenstand der Hoffnung auf Gott, aber keine zweifellose Ueberzeugung. Der Verfasser möge, wenn er kann, Dokumente und Thatsachen für den Beweis des Gegentheils bringen! Wahr ist nur, daß man, vielleicht mit zu großer Leichtgläubigkeit, einige Prophezeiungen rundbot, aber die Einsichtsvolleren unter den Anhängern des Papstes, die beim Verfasser durch die Bank Einfaltspinsel heißen, legten ihnen kein größeres Gewicht bei, als sie verdienten. Im Uebrigen hat Curci kein Recht, jene Propheten sammt denen, die ihnen Glauben schenken, Visionäre und Charlatane zu schimpfen; denn auch er gehört, allerdings nach der entgegengesetzten Seite, zur Propheten-Schaar, indem er weissagt, daß der Papst niemehr in den Besitz seiner weltlichen Macht wieder eingesetzt werde. Die eine Prophezeiung ist so viel werth, wie die andere. Was der Papst und mit ihm alle Katholiken dachten und jetzt noch denken, ist, daß abgesehen von der Zeit, die im geheimen Rathschlusse Gottes liegt, die weltliche Macht des hl. Vaters wiederhergestellt werden wird. Die Gewißheit dieses künftigen Ereignisses beruht auf Beweisen, die aus dem inneren Wesen der Sache und aus dem gewöhnlichen Gange der göttlichen Vorsehung hergeleitet werden. Wenn die Kirche ein Recht auf ihre Freiheit hat, und wenn diese Freiheit ohne die wirkliche Unabhängigkeit des hl. Vaters nicht bestehen kann, so ist die logische Folge augenscheinlich. Auch der Erfahrungs-Beweis aus der Geschichte ist nicht zu verachten, wie Curci will, denn er erleuchtet uns wunderbar über die Wege der göttlichen Vorsehung, um die Menschheit zu ihrem Ziele zu führen.[1])

V.
Die Aussöhnung zwischen der Kirche und Italien.

Die vom Verfasser selbst eingestandene Lächerlichkeit seiner früheren Vorschläge. — Eitelkeit der neuesten Vorschläge. — Zufolge dem Verfasser besteht die Aussöhnung bereits. — Die politischen Wahlen. — Verschiedene beachtenswerthe Punkte in Betreff derselben. —

Wir kommen nun auf den Kern der Sache, die schließliche Tendenz der Schrift: nämlich die vom Verfasser gewünschte Aussöhnung oder, wenn man will, die Eintracht zwischen der Kirche und „Italien". In diesem Abschnitte zeigt sich Curci in der That erbarmenswerth, da er selbst nicht weiß, was er vorbringen soll. Solange es sich um rhetorische Floskeln und um Schimpfen handelte, fuhr der Verfasser mit geschwellten Segeln; hier, wo es sich um positive Vorschläge handelt, geräth er sofort auf eine Sandbank.

Bis zum Ueberdrusse wiederholt er, daß man sich vereinbaren müsse. Aber in welcher Weise? Ja, da ist guter Rath theuer.

---

[1]) Wir verweisen den Leser auf einen lehrreichen Artikel der ‚Civiltà', Series X, Band 1, S. 38 ff.: „Conclusione dei destini di Roma." In demselben werden die Einwürfe und Sophismen, welche Curci in seiner ‚Prefazione ai quattro Evangeli' vorgebracht hatte, und die er jetzt in seiner neuesten Schrift fast wörtlich wiederholt, gründlich zu Nichte gemacht.

In dem berüchtigten vertraulichen Briefe, der nachher auf mysteriöse Weise veröffentlicht wurde — nach Curci „durch Indiskretion einer dritten Person"! — machte er ganz deutliche Vorschläge. Der Papst solle ohne alle Hintergedanken das neue Königreich anerkennen, ja den König von „Italien" eigenhändig krönen. Hierauf sollen Beide nach gemeinsamem Uebereinkommen so eine Art von Staatsstreich wagen und ein katholisches Ministerium einsetzen. Dieses Ministerium solle ein katholisches Parlament um sich sammeln, und dieses katholische Parlament katholische Gesetze geben, diese katholischen Gesetze katholische Sitten einführen. Dann wird der italienische Thron im höchsten Grade katholisch sein, weil auf ihm der Papst und der König neben einander sitzen werden. Was den Straßenpöbel betreffe, so müsse man nicht bange sein: dieser werde von der treuen Armee in Ordnung gehalten werden. — Dies waren allerdings Träume, ja Träume eines Fieberkranken, aber sie stellten doch ein bestimmtes System dar. — Nun jedoch wird dieses System von Curci selbst mit den Worten (S. 169) zerrissen: „Schon früher habe ich öffentlich erklärt, daß ich Alles, was an meinen Vorschlägen in der Form gegen die Ehrerbietung gegen= über der kirchlichen Auktorität verstößt, zurücknehme und widerrufe; jetzt aber verwerfe ich auf den Rath vieler einsichtsvoller Männer alle meine Vorschläge auch in der Substanz, vorzüglich meine Worte im zweiten Theile, die von der praktischen Ausführung meiner früheren Ideen han= deln. Es ist eine unverständige Utopie gewesen, und man spreche nicht mehr von ihr."

Im Vorbeigehen sei erwähnt, daß der Ex=Pater Curci mit diesen Worten seine früheren Oberen glorreich rechtfertigt. Als dieselben von ihm den Widerruf verlangten, welchen er jetzt leistet, so antwortete er, er könne nicht widerrufen, weil dies mit einer Verleugnung der Wahrheit, d. h. Christi, gleichbedeutend wäre. Nun hat er endlich begriffen, daß Christus mit jenen Träumereien ganz und gar Nichts zu thun hatte; nun hat ihn das Urtheil „einsichtsvoller Männer" umstimmen können; dagegen ver= mochte das Urtheil seiner Oberen Nichts über ihn, obgleich diese nicht blos „einsichtsvoll", sondern auch zum Befehlen berechtigt waren.

Nun gut! Curci selbst anerkennt seine früheren Vorschläge als „unver= ständige Utopie". Wenn er nun einen Vorschlag, von welchem er selbst sagt, daß er ihn lange bei sich überlegt und endlich für würdig befunden habe, dem Papste vorgelegt zu werden, nachher aus freien Stücken als eine „unverständige Utopie" bezeichnet, dürfte man da nicht mit allem Rechte vermuthen, daß auch das vorliegende, mit Leidenschaftlichkeit und „Ueber= stürzung" geschriebene Werkchen „unverständig" sein möchte?

Kehren wir jetzt zum Thema zurück! Curci verwirft sein früheres System; aber was setzt er jetzt an dessen Stelle, um die von ihm ersehnte

Uebereinkunft zwischen Papst und König zu verwirklichen? Er sagt (S. 71): die Aussöhnung dürfe sich nicht auf die antichristlichen Principien, auf denen die heutige Staats=Ordnung aufgebaut sei, noch auf die Anhänger jener Principien erstrecken. Nun aber müßte man gerade mit derartigen Persönlichkeiten unterhandeln, und diese würden jeden Vorschlag, welcher jenen Principien entgegen wäre, abweisen und verwerfen. Curci erklärt (S. 72) ferner, daß bei dieser Aussöhnung nicht Rechte irgend Eines oder auf irgend eine Sache als erworbene anerkannt werden dürften. (S. 77) Das Recht des Papstes auf die ihm geraubte Souveränetät, das durch feierliche Proteste sicher gestellt sei, müsse auf alle Fälle gewahrt bleiben. Würde sich aber der König von „Italien" damit zufrieden geben? Unseres Erachtens wäre eine derartige Aussöhnung gerade so gut, als wenn Don Carlos zum König Alphons sagte: „Wir wollen uns vertragen! Aber wohlgemerkt! Ich anerkenne deinerseits kein Recht auf den spanischen Thron, und ich beabsichtige, mein durch feierliche Proteste sichergestelltes Thronrecht auf alle Fälle zu wahren." Was würde da herauskommen?

Bis hieher handelte es sich um den negativen Theil der Aussöhnung. Worin soll nun der positive Theil derselben bestehen?

Der Verfasser gibt (S. 73) eine „sehr leicht durchführbare und summarische Weise der Aussöhnung" an, die im Folgenden bestände: Bezahlung der Abgaben, Beobachtung der Gesetze, keine Konspiration und noch weniger eine gewaltthätige Erhebung. Aber er setzt bei: „Für Neu=Italien und Rom ist diese Aussöhnung bereits geraume Zeit fix und fertig;" ferner: „sie ist fix und fertig selbst auf Seite Jener, die sie weder gewünscht hatten, noch wünschen möchten." Wenn sie daher bereits geraume Zeit vollzogen, wenn sie „fix und fertig" ist trotz Jenen, welche dagegen waren, so sind ja die Wünsche des Verfassers schon vollkommen erfüllt. Warum behelligt er uns also mit den Ausbrüchen seiner leiden=schaftlichen Verzweiflung? Was will er noch weiter? Wir mochten sein viertes Kapitel noch so genau durchgehen, so konnten wir doch nichts Anderes auftreiben, als eine lange Tirade gegen die Devise „Weder Erwählte, noch Wähler!"; von ihr leitet er alle Schläge her, die bisher auf die Kirche und „Italien" niedergingen.

Es ist nicht unsere Absicht, diese von den katholischen Blättern Italiens schon so vielfach besprochene Materie ex professo zu behandeln. Nur im Vorbeigehen merken wir Folgendes an:

1. Wir geben zu, daß dieser Punkt der Frage der dunkelste ist, da es Gründe für und wider gibt, weßhalb er sich für die Rhetorik Curci's herrlich geeignet hat. Was die katholische Journalistik hierüber auf alle Fälle fest behauptet hat, ist: daß man ohne päpstliche Erlaubniß nicht nach

Rom gehen darf, um sich die souveräne gesetzgebende Gewalt anzumaßen, selbst nicht, wenn man dabei die besten Absichten hätte; denn der Zweck heiligt nicht das Mittel. Hiegegen kann man nicht das Beispiel der rein=weltlichen Staaten anführen; denn weil die weltliche Herrschaft des Papstes letzten Ortes ein Mittel zum Besten der Kirche ist, so steht es auch einzig dem Papste zu, darüber zu urtheilen, was dem genannten Besten förderlich oder schädlich sei.

2. Selbst wenn der hl. Vater den Katholiken die Betheiligung an den politischen Wahlen gestattete, wäre es sehr fraglich, ob die Mehrheit der italienischen Katholiken ihr Wahlrecht ausüben würde. Man erfuhr dies wiederholt bei den Gemeinde=Wahlen. In Betreff derselben war nicht blos die Erlaubniß gegeben, sondern die Gläubigen waren sogar zur regsten Betheiligung positiv aufgefordet worden, und dennoch ergab sich, mit Aus=nahme einiger Gemeinden, nur eine geringe Betheiligung der Katholiken. Curci und die übrigen Parteigänger für die politischen Wahlen mögen zuerst ihren Eifer dazu verwenden, daß die Katholiken an den Gemeinde=Wahlen theilnehmen, bei denen sie auch die Anhänger der unglückseligen „Strömung" auf ihrer Seite haben, und deren Bedeutung für die Sitt=lichkeit und die Interessen des Volkes noch viel größer ist.

3. Gegen die wunderbaren Erfolge, die Curci von den politischen Wahlen zum Besten der Kirche erwartet, spricht die folgende Schwierigkeit. Alle Feinde der Kirche hegen den nämlichen Wunsch. Wie erklärt man diese Erscheinung? Wünschen etwa auch sie das Beste der Kirche? Der Freimaurer Bonghi versteigt sich in einer seiner jüngsten Schriften sogar zu wilden Drohungen gegen die Katholiken, wenn sie auf ihrer Wahl=Enthaltung beharren würden. Und als Grund führt er an, weil diese Enthaltung den Sinn eines fortwährenden Protestes habe, dieses aber nicht blos der inneren Regierung der Halbinsel, sondern auch ihren Bezieh=ungen zum Auslande schädlich sei. Er sagt: „Eine Deputirten=Versamm=lung, die in sich nicht die allgemeine Gesinnung der Nation repräsentirt, ist nicht geeignet, in sich selbst jenen Regulator zu finden, vermittelst dessen sich die wirkliche Mehrzahl der Ja in einem terminus medius zusammen=findet, und eine wirkliche Mehrheit der Nein unmöglich wird." ... „Ein Staat, der einen so zähen, wo nicht frechen Protest in seinem Inneren trägt, unterhält, wenn er auch seinen Freunden keine Besorgniß einflößt, doch wenigstens bei seinen Feinden eine fortwährende Hoffnung und bei den Gleichgiltigen einen beständigen Argwohn, daß er nicht so ganz gesund sei, und daß sich beim ersten Stoße die innere Fäulniß öffentlich zeigen werde."[1]) — Ließe sich nun aus diesen Worten nicht ein Grund herholen

---

[1]) Bonghi, Nuova Antologia etc.; anno 13., seconda serie, vol. 7, p. 26.

um wenigstens das Non expedit der heiligen Pönitenziarie zu rechtfertigen? Die Liberalen wissen über diesen Punkt weit mehr, als wir; aus demjenigen aber, was sie wollen, kann man sich sehr leicht einen Maßstab nehmen, um zu erkennen, was nicht angeht. Jedoch Curci bläst in dieser Hinsicht ganz in's Horn der Liberalen.

4. Was übrigens auch an dem ganzen Rummel sein mag, so hat die Angelegenheit der Wahlen mit der Aussöhnung zwischen Papst und „Italien" Nichts zu schaffen. Denn die Katholiken könnten ganz leicht zu den Wahl=Urnen eilen und in's Parlament eintreten, ohne daß hiemit der Zwist zwischen der Kirche und der italienischen Regierung als beigelegt bezeichnet werden könnte. Ja der Zwiespalt könnte noch bitterer werden, denn die Katholiken würden die Kammern mit dem Vorsatze betreten, nicht um das legale „Italien" zu stärken, sondern um in Uebereinstimmung mit dem wirklichen Italien Mittel und Wege zur Restauration der weltlichen Macht des Papstes aufzufinden. Zum Wenigsten würden sie die Aufhebung der bereits erlassenen antikatholischen Gesetze betreiben, also neuen Argwohn und neue Konflikte hervorrufen.

VI.
Das katholische Vereinswesen.

Verachtung der katholischen Vereine. — Prahlerei Curci's mit seinem Pensionate für Akademiker. — Die Pilgerzüge. — Die liberalen Katholiken und der Syllabus.

Ein großer Theil der Schrift des Herrn Curci ist darauf berechnet, in den Augen des Publikums die katholischen Vereine verächtlich zu machen und um allen Kredit zu bringen. Wenn er von den Katholiken=Versammlungen spricht, so schildert er sie wie Todtengerippe, z. B. S. 134 mit den Worten: „Was man nur mit Leidwesen an ihnen hat hervorheben müssen, das ist ihre jämmerliche Armseligkeit in Beziehung auf die Zahl und Stellung der Theilnehmer. Ich schweige von ihrer Zahl, die meines Erachtens nicht einmal jene des Kongresses der Notare und Feldmesser erreichte; aber wenn es sich um hohen Ruhm und ausgezeichnete Stellung der Theilnehmer aus dem geistlichen und Laien=Stande handelt, so herrschte hierin ein äußerster Mangel, wenn nicht absolute Nullität." — Wenn er von den Vereinen der katholischen Jugend spricht, so nennt er sie eine Kinderei, wie z. B. S. 147: „Sie — diese Vereine — sind etwas so Mageres, Armseliges, fast möchte ich sagen: Rhachitisches, daß man Mitleid bekommt; und in verschiedenen Städten ersten Ranges in unserem Lande habe ich mit vollem Rechte wirklich Mitleid gefühlt. Einige Dutzend guter junger Männer, welche für den h. Vater eine gemeinsame Kommunion halten oder den Peterspfennig einsammeln, sind erbaulich, und ich selbst erbaue mich an ihnen". Die Feinde der Kirche betrachten den „Verein der katholischen Jugend" mit Haß, ja mit Wuth. Der beste Beweis für dessen Bedeutung auch in politischer Beziehung!

Diesem „rhachitischen" Vereine gegenüber steht nach Curci die gesinnungstüchtige Jugend, welche der Kirche den Rücken kehrt, um dem Liberalismus anzuhangen. Er klagt nämlich (a. a. O.): „Es ist wahr; die kräftige und blühende Jugend, die aus den gebildeten Klassen hervorgeht, die in zehn bis fünfzehn Jahren die Geschicke Italiens in der Hand haben wird, ist in ihrer Allgemeinheit schon der Hand der Kirche entsprungen oder steht im Begriffe, es zu thun; und wenn Gott nicht einige Heilige schickt, so ist keine Menschenmacht im Stande, die jungen Männer zurückzuführen oder zurückzuhalten. Anders konnte es gar nicht kommen, da Viele (von der katholischen Partei), vielleicht im Irrthum, eine falsche Richtung einschlagen wollten und jetzt, sei es aus falschem Ehrgefühl oder noch schlechteren Beweggründen, halsstarrig sich darin festgerannt haben, und müßte auch die Welt darüber in Trümmer gehen". — Und was für eine „falsche Richtung" ist es denn? Curci verspottet sie als „einen ad usum Delphini eingerichteten Katholicismus". Das große Verbrechen der katholischen Partei ist auf die Rathschläge des Herrn Curci nicht gehört zu haben und „die Restauration des alten Kirchenstaates abzuwarten." Darum trägt sie die Hauptschuld am Sittenverderb der Jugend.

Höchst sonderbar erscheint es, daß Curci so die katholischen Kongresse und die Vereine der katholischen jungen Männer mit Schmutz bewirft, trotzdem aber das famose „Pensionat für Akademiker" bis zum Himmel erhebt; jene Pensione universitaria, die er in seinem Kopfe ausgeheckt, aber nicht hatte ausführen können, und zwar hegte er die Absicht, die gefügigeren Geister jener Partei, mit welcher er eine Aussöhnung einleiten möchte, für seine Pläne zu gewinnen. Das genannte Pensionat, das im besten Falle nichts Anderes geworden wäre, als ein anständiges Hôtel, heißt in seiner Schrift „eine wahrhaft solide und fruchtbare Stiftung," die ein „großartiges Werkzeug für die Kirche, für die Größe und den Glanz Italiens" hätte werden können. (S. 151 u. 153.) Risum teneatis, amici. Aber die Sache ist klar. Jenes Pensionat war von Herrn Curci erdacht; ein Glück, das weder den katholischen Kongressen, noch den Vereinen der Gioventù italiana gelächelt hat!

Bei Gelegenheit des Priester-Jubiläums unseres h. Vaters war es für jedes Christenherz eine Freude, jene aus allen Gegenden eingelangten Adressen und Geschenke an den Papst anzusehen, und vollends erbaulich waren später die langen Pilgerzüge, die herbeiströmten, um das Oberhaupt der Kirche in seinem moralischen Kerker innerhalb des Vatikan's ehrerbietig zu begrüßen. Diese allgemeine Bewegung wurde sogar von den Liberalen angestaunt. So sagte der unlängst heimgegangene Viktor Emmanuel zu einem engeren Kreise von Hofleuten: „Das sind einmal Demonstrationen! Das ist etwas Anderes, als was man für mich bewerkstelligt." Aber in Curci's Augen ist diese wunderbare Thatsache so fast eine Thorheit, die zu Allem hin blos aus künstlichem Parteitreiben an's Licht trat. Er schreibt (S. 52): „Man hat von dem katholischen Fühlen des modernen Europa gesprochen, und vielleicht haben allzu handgreifliche Kunstmittel jene Schau= stellungen zu Stande gebracht, und vielleicht hat man zu geräuschvoll ihre Tragweite übertrieben. Die Adressen, Gaben, Festgeschenke und Pilgerzüge sind insgesammt ganz heilige Dinge und bezeugen die stets lebendige Liebe der europäischen Völker zum h. Stuhle; aber es wäre eine jämmerliche Selbst=Täuschung, irgend eine größere Wirkung, wie mitunter geschieht, davon zu erwarten . . . Die 8—10,000 Pilger (vielleicht dachte er nur an die spanischen) werden keine andere politische Wirkung hervorbringen, als einen ausgezeichneten Dienst für die italienische Regierung, die sich we= gen Aufrechthaltung der öffentlichen Ordnung in die Brust geworfen hat."

Vorzüglich macht sich die Schmähsucht Curci's Luft gegen die katho= lischen Tagesblätter. Ihnen gilt fast sein ganzes fünftes Kapitel, in wel= chem er die möglichst grellen Farben aufträgt. Sie sind die Hauptschuld an dem Unheile der Kirche und „Italiens". Er schimpft (S. 99): „Diese Sorte von Journalistik schwimmt in der von mir bezeichneten ‚Strömung', oder vielmehr sie selbst ist großentheils gerade jene ‚Strömung', welcher man hauptsächlich die von mir bisher beklagten Uebel auf's Kerbholz setzen muß." — Aber von dieser schädlichen journalistischen Wirksamkeit muß man natürlich jene Jahre lossprechen, in welchen Curci selbst journalistisch thätig war; denn er betheuert (a. a. O.): „Ich zweifle gar nicht daran, daß einige Jahre lang das viele Gute, was von Anderen verfaßt war, und das We= nige, was ich selbst dazu beitrug, manche gute Wirkung hervorbrachte". Damals ging es gut.[1] Aber kaum hatte sich Curci vom Journalismus zurückgezogen, so haperte es. Die katholische Journalistik nahm eine „über= müthige und schlampige Haltung" an. Sie füllte ihre Spalten mit vier= zigstündigen Gebeten und Novenen, so daß auch christlich gesinnte, aber den weltlichen Dingen ergebene Laien Nichts mehr damit anzufangen wußten. Ueber diese Mängel hätte man noch weggehen können, aber bald sei es

---

[1] Curci war einige Zeit bei der Civiltà betheiligt, wurde aber aus triftigen Gründen von der Redaktion entfernt. Hinc illæ lacrymæ. Anm. des deutschen Uebersetzers.

noch stärker gekommen. Denn, sagt Curci (S. 104) „für sie (die katholischen Zeitungen) ist das Vaterland nicht das jetzt bestehende, sondern ein anderes, das zu Diensten des Papstes, man weiß nicht, wie und von wem, kommen soll, und von welchem man nur zwischen den Zeilen liest, daß es nach dem Geschmacke der Ausländer sein muß."

Was aber das Urtheil der katholischen Zeitungen über Thaten und Personen betreffe, so stehe es jämmerlich. „Scharteken zum Erbarmen sind blos um des Verdienstes willen, weil sie mit der betreffenden Zeitung über eine fragliche Materie übereinstimmen, mit übermäßigen Lobpreisungen, welche den Belobiger und die Belobten lächerlich machten, überschüttet worden; und aus dem entgegengesetzten Grunde suchte man bei wahrhaft hervorragenden und zeitgemäßen Arbeiten mit aller Anstrengung irgend ein Haar in der Suppe, und begrub dann mit trivialen Thorheiten das Werk im Sumpfe der Lächerlichkeit.".. „Kamen aber zu den Partei-Tendenzen bisweilen noch innerer Groll, Eifersucht, falsche Eigenliebe, überhaupt persönliche Leidenschaften jeder Art, dann kannte man kein Maß, man zog berühmte Männer in den Koth, man spielte auf gewisse Handlungen an, man log und verleumdete mit einer Frechheit, welche allerdings jener der Gassen-Journalistik nicht gleichkam, aber immerhin desto unwürdiger war, weil zum Wenigsten indirekt und nach der Auffassungsweise gewöhnlicher Leute die Schande auf den katholischen Namen fiel, den jene Blätter an der Stirne trugen." (S. 106.) —

Der eifrige Curci empfand darüber solches Herzeleid, daß ihm die Versuchung kam, „mit Job seinem Geburtstage zu fluchen"; zum Glücke that er es nicht. Jedoch setzt er bei (a. a. O.): „Immerhin fühlte ich ein gewisses Mißbehagen gegen den Ehrentitel ‚katholisch', mit welchem sich meines Erachtens jene Maßlosigkeiten beschönigten und nachgerade gefiel mir der Name ‚christlich' viel besser." — Wie weit ist es bereits mit Curci gekommen!

Ueberhaupt sind die Klatsch-Geschichtchen in Curci's Buche wohl großentheils aus der Luft gegriffen. So erzählt er (S. 77), man habe ihm versichert, daß der hl. Vater einen Brief an Viktor Emmanuel geschrieben, über welchen die „Eifrigen (zelanti)" fabelhaft böse geworden seien und geschrien hätten. Aber jener angebliche Brief ist niemals geschrieben worden, also hatten die Zelanti keine Veranlassung zum Bösewerden und zum Schreien.

Auf S. 224 fabelt der Mann: „In den glücklichen Zeiten — ich glaube 1864 — war ein Geistlicher, Chef-Redacteur eines katholischen Blattes, nebst anderen geistlichen Redacteuren einer gleichgesinnten Zeitschrift zu einer Revue des päpstlichen Heeres in der Villa Borghese eingeladen; vielleicht war die Revue gerade zu Ehren dieser Heeren angesagt worden.

Sie fanden sich ein und genossen dabei alle militärischen Ehren: Grüße mit den Säbeln und Fahnen; ich weiß nicht, ob nicht gar ein gerade zu Ehren der katholischen Presse komponirter Hymnus dabei aufgeführt wurde. Aber man sieht, daß es der Mühe werth ist, sich für die baldige Restauration der weltlichen Macht zu erwärmen." — An diesem ganzen Märchen ist keine Spur von Wahrheit. Im J. 1864 fand keine Revue des Päpstlichen Heeres statt, wohl aber sonst, jedoch wurden nie Redacteurs oder Direktoren von Zeitungen eingeladen. Noch weniger senkte man vor ihnen Fahnen oder Säbel, was ebenso lächerlich von militärischer, als von journalistischer Seite gewesen wäre. Aber der Verfasser wirft so leichtfertig mit gehaltlosen Lehrsätzen und Behauptungen um sich, daß man sich nicht wundern darf, wenn er kritiklos das nächste beste Gerede von der Gasse aufliest und, was das Schlimmste ist, auf Unkosten der Ehre von Priestern veröffentlicht. Und doch ist er selbst Priester! Aber non sum sicut ceteri.[1])

Auch eine andere Anekdote über ein Schriftchen aus der eigenen Feder erzählt der Verfasser und ruft dann aus: „Dies also sind die im Dienste und zu Ehren der Kirche gebrauchten Waffen! Müßte man sich nach gewissen Vorkommnissen seine Ansicht bilden, so möchte man das Wort eines Mannes nicht übertrieben finden, daß nämlich der katholische Journalismus bei uns eine der großen Geißeln für die katholische Kirche geworden ist. In ihrer Allgemeinheit ist nun wohl diese Aeußerung unrichtig, aber deßhalb habe ich beigesetzt: ‚nach gewissen Vorkommnissen‘. Und in Anbetracht dieses Zustandes sehe man wohl zu, ob man im Gewissen eine solche Journalistik durch sein eigenes Geld nähren oder sonst durch Begünstigung irgend welcher Art unterstützen dürfe." (S. 107.) — Wirklich! Diese katholischen Zeitungen sind heillos. Eine Sünde ist das Abonnement darauf und jede sonstige Unterstützung derselben, wie z. B. eine Anzeige oder gar ein Breve zu ihren Gunsten! Wahr ist nur, daß die Aussage Curci's „in ihrer Allgemeinheit" über die katholische Tagespresse „in ihrer

---

[1]) Der leidenschaftlich verblendete Mann hatte, was die militärische Revue betrifft, wohl läuten hören, wußte aber nicht, wo die Glocken hingen. Beim Priester-Jubiläum des h. Vaters 1869 war zu Ehren der vielen hochgestellten Fremden, auch Militärs, die nach Rom gekommen waren, eine Revue in der Villa Borghese. Der nicht eingeladene Margotti, Director der Turiner Unità cattolica, stand bescheiden und wegen seiner kleinen Statur verborgen in einem Kreise von Zuschauern. General von Kanzler, welcher die Revue abnahm, wurde durch Jemand von Margotti's Anwesenheit in Kenntniß gesetzt, ritt freundlich zu dem verehrten Manne und wies ihm einen besseren Platz an. Bis jedoch dieser kleine Vorfall nach Sant Eusebio gelangte, wo damals Curci mit geringer Schonung seines P. Rektor den Pascha des Exercitienhauses spielte, war schon etwas Mythus daraus geworden; vollends das Gift setzte der schmähsüchtige Mann aus Eigenem bei. Anm. des deutschen Uebersetzers.

Allgemeinheit" falsch ist; und daß der Mann selbst nicht weiß, was er „in der Allgemeinheit" schwatzt. So überhäuft er die thätige und kämpfende Partei in der katholischn Kirche mit Hohn, beschimpft also jene Männer, die mitten in tausend Schwierigkeiten und Unbilden, trotz der Opposition von Seite der Regierung, ja trotz der Gassen-Aufläufe edelmüthig den Kampf für die Kirche wagen, und nach Moses' Vorbilde lieber mit dem Volke Gottes bedrängt werden, als die Lust der kurzdauernden Sünde genießen wollen." (Hebr. 11, 25.) Der Herr Curci kann versichert sein, wenn er jetzt wieder nach Pisa käme, wäre es auch zur Stiftung seiner famosen Pensione universitaria, so müßte er nicht mehr bange sein vor den Stockstreichen, die ihm vor seiner „Bekehrung" drohten; vielleicht würde er gar mit Beifallsrufen empfangen werden. Wenn dagegen die übrigen Katholiken eine gute Anstalt gründen wollen, so müssen sie nicht blos auf jede Gunstbezeigung verzichten, sondern sich allen möglichen Gewaltthätigkeiten aussetzen.

Während sodann der Verfasser für die Katholiken nur Backenstreiche in Bereitschaft hat, verschwendet er Zärtlichkeiten jeder Art an die liberalen Katholiken. „Glückliches Italien, wenn es viele liberale Katholiken dieser Art hätte! Sie wären sein Schmuck, sie allein können eine wirkliche und kräftige Stütze für das Land abgeben". (S. 120.) — Zur Steuer der Wahrheit müssen wir jedoch anführen, daß er von dieser „rühmlichen" Schaar Jene ausschließt, welche zwar die gegenwärtige politische Ordnung Italiens als eine Anforderung der Neuzeit (Curci's Lieblingsidee) hinnehmen, aber die vom Syllabus verworfenen Sätze bekennen wollten. Vielmehr stehen diese irrigen Sätze im Gegensatze zu jenen Wahrheiten, welche die Gesellschaft an und für sich, als ein abstraktes und so zu sagen in den Wolken schwebendes Ideal im Auge haben. Immerhin sei der Syllabus nicht aus sich selbst ein päpstlicher Akt; sondern „er ist ein Katalog oder Verzeichniß verworfener, aus verschiedenen Dokumenten gesammelter Lehrsätze; wie daher diese Sätze hinsichtlich ihres logischen Werthes oder Sinnes vom Kontexte jener Dokumente abhängig sind, so sind sie auch hinsichtlich ihrer doktrinalen oder auktoritativen Bedeutung, die der Papst intendirte, von denselben Dokumenten abhängig". (S. 112.) Darum gibt der Verfasser den Laien, auch den Gebildeten unter ihnen, den Rath, sich nur wenig mit jenen Sätzen zu beschäftigen, „sondern Alles dem Studium der eigentlichen Theologen und Jener, die an solchen Forschungen ein besonderes Vergnügen finden, zu überlassen". (S. 111.)

Nach dieser Erklärung wiederholt der Verfasser seinen kräftigen Windmühlen-Kampf gegen die bekannte „Strömung", die vermittelst des Syllabus die Crème erlauchter italienischer Namen in den Sand geworfen habe. (S. 124.) „Auf diese Weise können ausgezeichnete Geschichtschreiber, Geo-

logen erften Ranges, gründliche Publiciften, geschätzte Schriftsteller, ent=
zückende theologische Auktoren und andere hervorragende Priester und Laien,
die jedem Volke zur Ehre wären, nicht mehr unter den Reihen der Katho=
liken auftreten, weil ein journaliftischer Schwindler und unbekannter
Strauchritter, der das katholische Hütchen trug, ihnen die Makel des Libe=
ralismus anzuhängen sich vermeffen hatte. Und wer weiß, ob nicht auf
solche Weise die erhabenften bischöflichen Stühle gerade den Allerbesten ver=
sagt blieben?" Während Curci nun den armen Redacteur, welcher die
obengenannten berühmten Namen mit dem Epitheton „liberal" auszustaffi=
ren sich unterfangen hat, als „Schwindler" brandmarkt, trägt er selbst
kein Bedenken, mit gar nicht dunkler Anspielung auf eine sehr hohe Person
den folgenden Satz zu schreiben: „Wenn man an der Seite eines Feindes
(Bonaparte III.) ftehen mußte, so hätte die allergewöhnlichste Klugheit ge=
rathen, ihn nicht zu reizen; und trotzdem that man faft nichts Anderes,
als daß man ihn mit ordinären Späffen prickelte, die sofort mit den ge=
wohnten höfischen Zuthaten in Paris wieder hinterbracht wurden. O wie
viele ernftliche Anliegen wurden durch den Kitzel, zu ungelegener und gele=
gener Zeit Witze zu reißen, gründlich ruinirt!" (S. 200.)

VII.
Die schlechte Tendenz der ganzen Schrift.

Faft heidnische Vaterlandsliebe. — Die Saat der Zwietracht unter den Katholiken
und Verfuch, ihre Ehrerbietung vor dem Papfte abzuschwächen. — Die Kirche in
der Hand ihrer Feinde.

Wir sprechen hier nicht von der subjektiven Abficht des Verfaffers,
die ganz gut gewesen sein kann, und über welche zu urtheilen, keinem
Menschen, sondern dem göttlichen Richter allein zukommt; sondern wir
handeln einfach von Curci's Schrift an und für sich, und von dieser als
solcher sagen wir: ihre Tendenz ift sehr schlecht. Der Leser konnte dies
bereits aus unseren bisherigen Bemerkungen abnehmen; doch müffen wir
hievon noch eigens handeln, indem wir vier Hauptpunkte ausheben.

1. Die Broschüre bezweckt, einen heidnischen Patriotismus einzuflößen,
indem sie gewiffermaßen Jene entschuldigt, die aus Liebe zum Vaterlande
sich von der Kirche abwenden. Schreibt doch Curci (S. 144): „Ein
Katholicismus, der willkürlich vollgepfropft ist mit mehr oder minder poli=
tischen Tendenzen und mit unterschobenen Verboten, welche beide gegen das
eigene Vaterland nicht nur wenig wohlgefinnt, sondern geradezu verderblich

dastehen, kann nimmermehr einer Laienwelt gefallen, die nicht glaubt, daß sie aus Liebe zum himmlischen Vaterlande ihr irdisches verläugnen oder gar befehden dürfe. Wollte man sich wirklich aufklären lassen, so würde man finden, daß in der That und Wahrheit Jesus Christus leichter zufrieden zu stellen ist, als die heutigen Puritaner, die Regulatoren des Eifers und der weltlichen Herrschaft".

Gott befiehlt die Liebe zum irdischen Vaterlande. Aber daraus folgt nicht, daß man es der himmlischen Heimath vorziehen müsse. Wollte uns aber die Vaterlandsliebe von der Liebe zu Gott abziehen, so gälte das Wort Christi: „Wer Vater oder Mutter mehr liebt, als Mich, ist Meiner nicht werth." (Mt. X, 17.) Dante, obgleich von Herzen Italiener, stellt uns ebenso das irdische Vaterland als Ort der bloßen Pilgerschaft vor: „Mein Bruder, jede Seele ist Bürgerin einer wahren Vaterstadt; aber du willst sagen, daß sie in der Fremde in Italien lebte".[1]) Sicher muß man das Vaterland innig lieben, mehr aber, als das Vaterland, die Kirche. Die Vaterlandsliebe ist ein Zweig der Nächstenliebe; die Liebe zur Kirche aber fällt mit der Liebe zu Gott zusammen.

Man hätte erwarten sollen, daß Curci als Erklärer der vier Evangelien in seiner Schrift auch von solchen Dingen Erwähnung thäte; statt dessen wollte er lieber den Jargon jener Liberalen reden, die zum Atheismus zu feig sind und daher sich lieber einen Katholicismus nach eigenen Heften bilden, ohne Papst und in Unterordnung unter das Vaterland, das sie obendrein als ein Ding nach ihren Ideen verstehen.

2. Die Schrift Curci's sucht Zwietracht unter den Katholiken zu säen, indem sie die Einen zum Argwohn gegen die Anderen aufstachelt, und insbesondere die Ehrfurcht, die Liebe und den Gehorsam gegen den gemeinsamen Vater, den Statthalter Jesu Christi, abzuschwächen bestrebt ist. Der Mann unterscheidet zwischen Papst und Vatikan und schreibt (S. 58): „Ich finde weder bei Robert Bellarmin,[2]) noch bei Melchior Canus den Vatikan unter den Loci theologici aufgezählt, noch thut es meines Wissens Einer der neuen Theologen. Soweit ich mich auf die Sache verstehe, bezeichnet der Vatikan nur den Hof oder Palast mit den Päpstlichen Gemächern, die allerdings in Ansehung des daselbst wohnenden Besitzers alle unsere Achtung verdienen. Aber wenn nun Andere von dort Orakel und Entscheidungen beziehen und dieselben uns als Glaubens-Artikel aufhalsen

---

[1])   O frate mio, ciascuna è cittadina
           D'una vera città, ma tu vuoi dire,
           Che vivesse in Italia peregrina.
                                Purg. c. 13.

[2]) Bellarmin hat nie über Loci theol. geschrieben.

wollen, so dürften wir ihn nach Verdienst qualificiren; und wollte man dabei irgend auf unserer Seite Respektwidrigkeit wittern, so träfe dieser Vorwurf nur Jene, welche durch ihren falschen Eifer den Mangel an Hoch= achtung hervorgerufen haben".

Uebrigens scheint auch die Ehrerbietung, welche Curci den Lesern vor dem Besitzer des Vatikan's einflößt, nicht sehr groß zu sein. Er be= zeichnet ihm wenigstens die Mittel und Wege, deren er sich bedienen müsse, um seine Unterweisungen mitzutheilen. (S. 58.) "So oft der oberste Hirte der Kirche uns Etwas zu glauben oder zu thun vorschreiben will, so hat er seine gesetzlichen und ordnungsmäßigen Kanäle an seinen unmit= telbaren Dienern in den römischen Konfregationen, und besonders an den Bischöfen, die vom hl. Geiste zur Regierung der Kirche Gottes eingesetzt sind und den hierarchischen Ring bilden, vermittelst dessen die Gläubigen mit dem Papste und durch ihn mit Christus verbunden sind. Auf diesem einzig legitimen Wege haben Alle die Pflicht, sich fügsam wie Wachs zu zeigen; auf einem anderen Wege dürfte man sie nicht tadeln, wenn sie hart wie Stahl würden, und in gewissen Fällen könnte dies sogar Gewissens= pflicht werden."

An einer anderen Stelle (S. 70) macht Curci ohne weitere Cere= monien sich selbst zum Lehrmeister und geistlichen Führer des Papstes, indem er ihm räth, er solle beim Verluste seiner weltlichen Herrschaft Job, dem edelsten Vorbilde der Geduld, nacheifern. Als ob Job sich mit den sabäischen und chaldäischen Räubern seines Eigenthums vertragen hätte! Als ob es sich beim Papst um sein Eigenthum, und nicht um das ihm blos als Hinterlage anvertraute Patrimonium handelte! Jedoch die ganze Schrift ist thatsächlich eine Unbild gegen den hl. Vater, denn sie sucht ihn darzustellen als den Spielball einer ihn regierenden geheimen Clique, als die direkte Ursache aller vom Verfasser geschilderten Leiden wegen der ver= hängnißvollen und anhaltenden Unversöhnlichkeit mit dem regenerirten Italien. "Wie vielen Uebeln wäre man aus dem Wege gegangen, ruft Curci (S. 128), wie viel Gutes hätte man erreicht, wenn man ein oder zwei Jahre nach der Katastrophe, als alle menschlichen Aussichten auf eine Restauration verschwunden waren, aus Gottes Hand die neue Ordnung der Dinge einfach hingenommen hätte! Denn Gott hatte sie geschickt oder, was für uns das Nämliche ist, vielmehr zugelassen."

3. Wir müssen einen weiteren heillosen Charakterzug der Curci'schen Schrift hervorheben, nämlich die Zumuthung an die Kirche, sich zu ernie= drigen und als eine Ueberwundene in die Hände ihrer Feinde auszuliefern. Als der Verfasser noch gesunden Verstand besaß, schrieb er:[1] "Ihr meinet,

---

[1] Curci, della natura e della grazia, vol. 1. p. 263.

daß sie (die Liberalen Italiens) nach der Lehre ihres würdigen Meisters Macchiavelli den Papst vom Throne entsetzen, oder vielmehr mit der Entthronung des Papstes aufhören wollen, um das geeinigte Italien zu vollenden und ihm eine Hauptstadt zu geben? Ich dagegen sage euch, daß gerade das Gegentheil der Fall ist. Glaubet mir: ihnen kommt es auf die italienische Einheit wenig, und Jenem, der ihnen vom Auslande her den Ton angibt, gar nicht an".... „Ihr Endziel ist die Entsetzung des Papstes, damit sie seine geistliche Wirksamkeit in der weiten Welt so, wie sie träumen, schwächen, erschweren, vernichten. Kurz, man bekriegt die Kirche, weil man sie geradezu aus der Welt jagen will." — Dies ist die volle und lautere Wahrheit, und der Verfasser spricht da ganz vortrefflich. Wenn es aber wirklich so ist, wie kann sich die Kirche mit solchen Feinden aussöhnen? Sie kann es, weil der Verfasser dafür gesorgt hat, mit Einem Federzuge jene Feinde zu bekehren. Aus Feinden hat er sie in Freunde der Kirche verwandelt. Denn er sagt (S. 128): „Das Geschlecht, welches während der letzten italienischen Umwälzungen gelebt hat, oder vielmehr die gebildete Laienwelt, welche größtentheils dieselben bewerkstelligt hat, war durch die Bank aufrichtig katholisch (!); und wenn diese Leute auch an Gründlichkeit der Studien und an Entschiedenheit in der Religion infolge ihrer Erziehung Manches zu wünschen übrig ließen, so waren sie doch zu etwas ganz Anderem aufgelegt, als zur Feindseligkeit gegen die Religion, die Kirche und gegen den Papst, besonders da sie in ihrer Weise über die glänzenden Blätter des Primat's in der Weltgeschichte begeistert waren".

Wer hätte es je geahnt! Jene Macchiavellisten, von denen wir nach Curci's eigener Aussage glaubten, daß sie ihr „Italien" nicht aus Liebe zu dem Lande, sondern aus Haß gegen Papst und Kirche hatten machen wollen, finden wir mit Einem Male beim nämlichen Schriftsteller als das gerade Gegentheil, d. h. zum größten Theile für Kirche und Papst begeistert!

4. Jedoch wir dürfen uns nicht wundern, wenn Curci bei dem neuen Lichte, das ihm plötzlich im Geiste aufgeblitzt ist, in den Werken des Liberalismus nicht mehr, wie früher, jenes Schlechte sieht, sondern im Gegentheil nur Gutes, nicht gerade ex parte operantis, wohl aber ex parte operati. Schon mit Beziehung auf die jetzige Einheit Italiens, natürlich mit Rom als Hauptstadt, hat er die Erfahrung gemacht: „Es wäre kindisch, sich einzubilden, daß die vollendete Thatsache auch gottlos und sakrilegisch sei, weil die dazu gebrauchten Mittel größtentheils diese Eigenschaft an sich trugen". (S. 56.) Im achten Kapitel erweitert er noch dieses sein Urtheil, indem er es gleichfalls auf andere Theile der liberalen Reform ausdehnt und sagt (S. 209): „Es wäre sehr fraglich, ob jener Zustand, aus dem wir gewaltsam gerissen worden sind, auch nach allen Seiten hin so

schön und gut gewesen ist, als Manche uns beibringen möchten; wer sich auf eine genauere Analyse desselben verlegte, würde daran große und viele Mängel entdecken, die selbstverständlich zufällig, aber der Art waren, daß es gerade kein großes Unglück gewesen ist, als sie zugleich mit der Sache selbst verschwanden".

Der Verfasser bemüßigt sich mit dieser Analyse und findet, daß Alles ganz recht so gekommen ist. Nun, was wollen wir betrachten? Etwa die Kirchengüter? Ganz gut! Man höre! „Wenn man sieht, daß jene der Kirche für das Heil der Seelen geschenkten Güter nicht mehr jene Früchte trugen, derentwegen sie gegeben waren, ja mitunter das gerade Gegentheil hervorbrachten, so muß natürlich der Gedanke aufsteigen, daß sie nicht mehr zu dem einzigen Zwecke, dem zulieb sie gestiftet waren, verwendet wurden." (S. 212.) Also war — ex parte operati — die Einziehung derselben schon gut, um so besser, als es ein anderes Mittel zur Hebung des Mißbrauches nicht gab. „Weil die Kirche aus eigenem Antriebe keinen Theil der zeitlichen, ihr zum Heile der Welt gegebenen Güter aufgeben darf, weil aber Gott mit Seiner Weisheit sah, daß der Verlust derselben für die Kirche nützlicher sei, so möchte ich sagen, daß es auf gewöhnlichem Wege kein anderes Mittel zu diesem Zwecke gab, als die Kirche durch fremde Raubsucht plündern zu lassen." (A. a. O.) Hierin aber „muß man nicht den jüngsten Tag erblicken, als ob die Kirche nicht mehr bestehen könne, wie gewisse katholische Organe druckten; sondern es ist nichts Anderes, als eine Rückkehr zu den ursprünglichen Absichten des Erlösers." (S. 214.)

Gewiß kann die Kirche auch ohne Besitz zeitlicher Güter bestehen. Aber auch der Mensch kann ohne Hände und Füße noch bestehen. Wünschte man sich nun den Menschen in solchem Zustande? Die Kirche Gottes hat von Anfang an, und zwar durch göttliches Recht, Besitz gehabt; die ersten Christen verkauften Aecker und Häuser, und legten den Erlös zu den Füßen der Apostel nieder. Der Besitz ist eine Grundbedingung für die Unabhängigkeit des Priesterthums; er ist für den gesammten Klerus dasselbe, was die weltliche Souveränität für den Papst. Jetzt aber versteht Curci diese Sprache nicht mehr und klatscht Beifall zum Raub am Erbe des Herrn.

Das Nämliche könnte man von den Privilegien sagen, welche dem Klerus geraubt wurden. Der Verfasser schreibt: „Das Privilegium, die zugleich bürgerliche, vielleicht etwas weltliche Achtung, die ehrerbietige Deferenz, mit welcher das Priesterthum umgeben war, mußten in den Tagen christlicher Geschlechter Allen erwünscht sein, weil Jeder eine persönliche Ehre darin erblickte, wenn die von ihm bekannte Religion hochgeschätzt wurde". Aber solches Zeug habe in der modernen Gesellschaft keinen Sinn mehr. "Betrachte man den allgemeinen Gang der heutigen Welt in ihren Beziehungen zum Christenthume, so ergebe es sich als Absicht der göttlichen Vorsehung, daß die Kirche sich mit dem gemeinen Rechte zufrieden geben müsse." (S. 238.)

Dasselbe lasse sich in Betreff der Unterdrückung der geistlichen Orden vorbringen. Curci schreibt hierüber (S. 229): "Man hat gesagt, durch die letzten Umwälzungen seien die klösterlichen Vereine in Italien und unlängst in Rom vernichtet worden. Dies ist nicht wahr . . . Das Einzige, was ihnen die italienische Regierung thun konnte und that, und was nach den gleichen Grundsätzen im übrigen Europa bereits längere oder kürzere Zeit vorher geschehen war, ist, daß man ihnen das Recht juribischer Personen (l'entità giuridica) abdekretirte. Wenn nun diese That, als menschliche Handlung betrachtet, ohne Zweifel aus vielen und gewichtigen Gründen-ungerecht ist, so kann man doch recht wohl denken, daß sie als Fügung der Vorsehung anderseits große Vortheile zum Ersatze biete, ja daß sie jene religiösen Genossenschaften in noch bessere Existenz-Verhältnisse versetze, als wenn sie in der neuen Gesellschaft bei jener alten Weise geblieben wären". Daher verdienen die Liberalen beim Abschluß der Rechnung sogar noch den Dank der Regularen, welchen man Häuser, Gründe, Kirchen, Bibliotheken, Alles genommen hat; denn im Grunde wurde hiemit den Klöstern eine Wohlthat erwiesen. Die Ehrenwerthen des Monte Citario werden sich aus diesen Betrachtungen Curci's sicher einen Blumenstrauß winden.

VIII.
Schluß des ersten Theils.

Der Verfasser betheuert in der Vorrede, er habe bei Abfassung seiner Schrift der Kirche und dem Vaterlande einen "hervorragenden Dienst" leisten wollen. In Betreff der Kirche täuscht er sich, wenn er je im Ernste redet. Würde die Broschüre im Geiste der Leser die beabsichtigten Wirkungen thun, so stände sie als Todfeindin der Braut Christi da. Die wenigen von uns gemachten Bemerkungen beweisen es hinlänglich. In Betreff des italienischen Vaterlandes muß man unterscheiden. Für das wahrhafte Italien kann Curci's Werkchen nur verderblich sein, weil es kirchenfeindlich ist; man kann mit allem Rechte von ihm sagen, daß es einen großartigen Betrug anzettelt, indem es zur Freundschaft mit Menschen räth, mit welchen man weder Frieden noch Waffenstillstand schließen

kann. Versteht aber der Verfasser das gefälschte Italien, jenes näm=
lich, das sich dem wahren Italien auf den Nacken gesetzt hat und unter
seiner verhaßten Herrschaft es in Ketten und in der Zange hält, ja dann —
dann hat er ihm keinen kleinen Dienst geleistet. Er hat ihm zum Aller=
wenigsten ein reiches Arsenal von Beschimpfungen, Tadel und Verleumd=
ungen zusammengehäuft, die man auf die katholische Presse und die katho=
lischen Anstalten schleudern kann. Thatsächlich hat Bonghi nebst Genossen
schon mit großem Nutzen von da Waffen geholt. Ferner liefert ihm Curci
eine Fülle von Sophismen, um die Eingriffe, Plünderungen und Gewalt=
thätigkeiten der Regierung auf Unkosten des Klerus, des Papstes und des
Katholicismus im Allgemeinen zu vertheidigen. Ist das nicht ein „hervor=
ragender Dienst?"

Um die Wahrheit zu sagen, ist das Werkchen nur unter Einem Ge=
sichtspunkte zu entschuldigen, daß der Verfasser es in „Eile und Ueber=
stürzung" und in einer geistigen Erregtheit, in welcher er nicht Herr seiner
Gedanken war, diktirt hat.

Zweiter Theil.

Bemerkungen über die Entlassung Curci's aus dem Orden.

I.
Warum Curci's Erzählung über seine persönliche That untersucht werden muß.

Als der Herr Curci nach seiner Entlassung aus der Gesellschaft Jesu, in welcher er über fünfzig Jahre gelebt hatte, es für gut hielt, dieses von ihm so genannte „persönliche große Mißgeschick" dem Publikum anzuzeigen, ließ er in der Florentiner ‚Armonia‘ vom 27. Oktober 1877 eine öffentliche Erklärung erscheinen, in welcher er versprach, er werde seinen Schritt in einer Schrift rechtfertigen und nachweisen, daß derselbe „mit ähnlichen anderen wenig oder gar Nichts gemein habe." Dieses nun ist, obgleich es anders scheinen könnte, dennoch die Haupt=Tendenz der Broschüre, deren theoretischen Theil wir bisher einer Untersuchung unterzogen haben. Damit also die Wahrheit zu ihrem Rechte gelange und die Antwort auf seine Broschüre umfassend sei, müssen wir auch seine persönliche That untersuchen und im Lichte authentischer Dokumente sehen, ob Curci ein wahrheitsliebender Erzähler und ein leidenschaftsloser Vertheidiger seiner selbst gewesen sei.

Diese Untersuchung ist um so zeitgemäßer, je mehr Curci, um sich von der Makel der Widerspenstigkeit gegen seinen rechtmäßigen Oberen rein zu waschen, die Würde und die grauen Haare eines verehrungswürdigen Mannes angriff, dem er selbst das Lob „großer Aufrichtigkeit und ungewöhnlicher Frömmigkeit" nicht versagen kann, und an welchen ihn zärtliche und heilige Affekte kindlicher Zuneigung binden mußten. (S. 181.) Wir sprechen vom General der Gesellschaft Jesu, dessen „kräftiges Greisenalter" (robusta vecchiezza) Curci in seiner Schrift verhöhnt, welchen er mit ironisch=doppelsinnigen Worten als ungeschickt, geistesschwach und ungerecht darstellt, und welcher nicht einmal durchschaut habe, daß ein dem Curci auferlegter Akt des Gehorsams für diesen im Falle der Ausführung „eine schwere und öffentliche Sünde" gewesen wäre. (S. 181. 189. 193.)

Ja Curci geht auf dem gemeinen Wege der Beschimpfung so weit, daß er sich vermißt, diesen milden und liebreichen Vater mit einem Scharfrichter zu vergleichen, der nicht daran denke, noch lange Untersuchungen mit seinen Patienten anzustellen. (S. 181 f.)

Wahrhaftig! Wenn es sich auch einzig darum handelte, einen in so vielen Beziehungen verehrungswürdigen Mann zu vertheidigen, so wäre es schon der Mühe werth, diesen Abschnitt der Schrift Curci's näher zu untersuchen. Aber außerdem ist die Ehre dieser Persönlichkeit das gemeinsame Gut einer Körperschaft von beinahe zehntausend Ordensmännern, die über den Erdball hin zerstreut sind, welche den hochwürdigen P. Beckx Vater nennen, hoch verehren und zärtlich lieben.

―

II.

Welcher Eifer den Herrn Curci bestimmte, sich in Sachen zu mischen, die ihn Nichts angingen.

Der Verfasser führt sich in der Geschichte seiner „persönlichen Angelegenheit" ein, indem er eine Antwort versucht auf die Frage, „warum er sich in Sachen gemischt habe, die ihn Nichts angingen"; eine Frage, von der er sagt, sie sei auf seine Rechnung im Oktober des verflossenen Jahres von einer sehr hochgestellten Person des heiligen Roms gestellt worden. Der H. Curci fügt bei (S. 160 f.): „er habe sich einmischen wollen, weil die Ehre Gottes, das Wohl der Kirche und das Heil der Seelen stark auf dem Spiele standen; daß er der Einzige oder fast der Einzige gewesen sei, der es unternehmen wollte, daß er sich als Sündenbock für die möglichen Folgen aufgeopfert habe, wenn nur die Wahrheit einmal am rechten Orte vorgebracht sein würde." —

Zugegeben, daß er in glühendem Eifer handelte; aber jeder Eifer muß, damit er gut sei, erleuchtet und wohlgeordnet sein. Ich glaube nicht, daß der H. Curci sich im Ernste eine persönliche Sendung durch Jesus Christus in der Kirche anmaße. Hatte er diese nicht, so mußte er sich für den Dienst der Kirche und für die Ehre Gottes verwenden, wie es jedem Priester und Religiosen im Geiste seines eigenen Berufes zusteht. Ich sage: „im Geiste seines eigenen Berufes", d. h. in der von der christlichen Ordnung, von der hierarchischen Subordination und der Regel des Ordens vorgeschriebenen Weise. Er hat sich in die Frage der Disharmonie zwischen der Kirche und „Italien" eingemischt, indem er verdeckt vor dem Publikum und offen in Privat-Gesprächen die höchste Auktorität des obersten Regenten der Kirche in Mißkredit zu bringen suchte und sich als unberufenen Rath des Papstes aufwarf, indem er dem h. Vater Vorschläge machte, die er nachher selbst in seiner neulichen Schrift als „Utopien" anerkannte und widerrief. Welch ein Unheil müßte entstehen, wenn alle Jene, die vor Eifer für Gott, Kirche und Seelenheil brennen, in solcher Weise vorangingen! Die Kirche würde in das Chaos der Anarchie gerathen.

Wie der einfache Priester unter der Leitung und dem Gehorsame seines Bischofs dienen muß, so soll der Religios es unter dem Gehorsame seiner Oberen, nicht nach eigenem Kopfe und nach den Grillen eines zügellosen Eifers thun, mit Demuth, mit Liebe, mit Klugheit, nach dem Rathe des h. Paulus: „Du aber rede, was der gesunden Lehre ansteht"; „dein Wort sei gesund und untadelig" (Tit. 2, 1. 8.); „strebe nach Gerechtigkeit" gegen Alle, „nach Liebe" zu den Vorgesetzten, „nach Glauben", als dessen Lehrmeister und Bewahrer du sie ehren sollst, „nach Sanftmuth" gegen die Mitbrüder. (1. Timoth. 6, 11.) Dies heißt den guten Kampf kämpfen, nicht aber das Schwätzen und Schmähen, das Grübeln und Losziehen, wie es H. Curci trieb. Einen Beweis vom Letzteren liefert das unlängst erschienene Schriftchen des Mannes, welches im Drucke nicht sowohl seine Gedanken wiedergibt, als vielmehr die Art der Sprache, die er zu führen pflegte, bevor sein Thun und Lassen zu dem schließlichen beklagenswerthen Bruch führte. Der erleuchtete und wohlgeordnete Eifer mußte ihn also unter dem Gehorsame gegen seine Oberen bestimmen, der Lehre des Heiden-Apostels zu folgen: „In thörichte Streitfragen laß dich nicht ein" (Titus 3, 9); „weise mit Milde zurecht die, welche der Wahrheit widerstreben" (2. Timoth. 2, 25), wobei wir noch voraussetzen wollen, daß er seine absonderlichen Meinungen für Wahrheit ansah.

Der Umstand, daß er „allein oder fast allein" öffentlich derartige Vorschläge machte, mußte ihm den begründeten Verdacht einer Selbsttäuschung einflößen. Denn er selbst schließt die Hypothese nicht aus, daß man ihm einen solchen Vorwurf mit Grund machen könne, nur will er die Güte seiner Absichten retten; eine Frage, auf die wir nicht eingehen. (S. 160.) Bevor er sich jedoch zum „Sündenbocke" machte, mußte er wohl nachdenken, sich im Gebete mit Gott berathen, und denjenigen, der ihm in der Ausübung seines Priesteramtes vorgesetzt war, um Rath über dasjenige fragen, wofür er sich „zum Sündenbocke" machte; er mußte überlegen, ob es sich eigentlich um Gottes Ehre und das Heil der Seele handle, oder um eine Schrulle, die allerdings in die jetzige für ihn so traurige, so bemüthigende und niederschlagende Wirklichkeit auslaufen mußte.

III.
Wie die Oberen den Eifer des P. Curci zu leiten suchten.

Damit die Leitung, welche P. Curci von seinen Oberen erhielt, der eigentliche Sachverhalt, die an ihm getadelten Fehler und die äußere Form des Tadels und der Warnungen allgemein bekannt werden, bringen wir im Folgenden einen längeren Auszug aus einem Briefe, welchen der hochw. P. General der Gesellschaft Jesu unter dem 23. Januar 1875 an Curci schrieb, als dieser seine ‚Ragione dell' opera (Plan des Werkes) oder Einleitung in die Vorlesungen über die Evangelien' bereits in die Druckerei geschickt hatte; ein Schritt, durch welchen sich der Mann zufolge seiner eigenen Worte zum „Sündenbocke" für seine persönlichen Träume gemacht hat. Der hochw. P. General schrieb ihm:

„Zu meinem großen Troste höre ich, mit welchem Eifer Euer Hochw. sich nirgends schonen, sondern immer in verschiedenen Weisen und insbesondere jetzt wieder in Ihren gelehrten und beredten Vorlesungen über die Evangelien sich zu Gottes Ehren aufopfern. Aber, aufrichtig gestanden, mein Trost ist nicht vollkommen, sondern vielfach getrübt durch schwere Sorgen und Befürchtungen, die mich zu diesem Briefe an Sie veranlassen. Ich muß mein Gewissen beruhigen und meinem Amte gegenüber Ihnen und dem Orden Genüge leisten."

„Nur mit schmerzlichen Gefühlen bekenne ich, daß Euer Hochw. nach meiner Ansicht bis heute viel zu wenig auf die verschiedenen Erinnerungen achteten, die Ihnen über gewisse Punkte mit der liebreichsten Zartheit gemacht worden sind. Sie dürfen sich daher nicht beklagen, wenn ich nochmal auf diesen Punkten bestehe und hoffe, von Ihrer frommen Gesinnung das zu erreichen, was ich in meinem Gewissen verlangen muß."

„Ich spreche zuerst von der weltlichen Herrschaft des Papstes. Euer Hochw. kennen die so vielfach schon geäußerte Ueberzeugung des h. Vaters; Sie kennen die vor etlichen Jahren vom katholischen Episkopat erlassene Erklärung, daß nämlich in der Gegenwart die weltliche Herrschaft des Papstes für die Freiheit der Kirche unentbehrlich sei; Sie kennen die Gesinnung der Gläubigen, man kann sagen, in allen Ländern, der Gläubigen, die nach Rom kommen, um zu den Füßen Seiner Heiligkeit ihre Proteste und Erklärungen niederzulegen, die unter Gebeten und frommen Uebungen von Gott die Wiedereinsetzung des Papstes in seine Rechte, seine volle Freiheit und den Triumph der h. Kirche erflehen. Trotzdem sprechen E. Hochw. Ihre Privat-Meinung hierüber in der Einleitung zu den Vorlesungen über die Evangelien aus und kommen, wie ich höre, wiederholt und bei jeder Gelegenheit, mehr oder weniger verdeckt, aber deutlich genug darauf zurück, dem Leser die Unmöglichkeit einer Restauration zu insinuiren. Mögen nun auch Einige eine übertriebene Hoffnung hegen, sich auf zweifelhafte oder falsche Prophezeiungen stützen, oder, besonders in Rom, aus menschlichen und zeitlichen Rücksichten so sprechen, so ist doch die Anschauung des Oberhauptes der Kirche, des Episkopates und des katholischen Volkes unzweifelhaft klar. Glauben nun E. Hochw., daß der h. Ignatius, dem es so sehr am Herzen lag, und der uns eigene Regeln hinterließ, „ut cum orthodoxa Ecclesia sentiamus", es jemals erlaubt hätte, daß Einer seiner Söhne, und gar von heiliger Stätte,[1]) so spreche, wie Sie thun? Er hätte, wie ich mir denke, in diesem Punkte den Gehorsam nicht blos der That, sondern auch des Urtheils verlangt, einen Gehorsam, der allerdings manchmal schwer wird, aber immer gerecht, verdienstlich und erhaben ist, besonders wenn man von Gott mit solchen Talenten und Gaben ausgestattet ist, wie E. Hochw. Deßhalb empfehle ich Ihnen im Namen des h. Ignatius Gehorsam und Unterwerfung unter die Ansicht des Papstes und der h. Kirche".

„Ihre Privat=Meinung über die Restauration der weltlichen Herrschaft des Papstes macht, wie ich aus verschiedenen Briefen entnehme, einen sehr unangenehmen Eindruck; sehr angenehm und nützlich ist sie nur den Feinden der Kirche, die ihren Mißbrauch damit schon treiben werden. Sie mißfällt den Guten und hilft zu Nichts; sie kann vielmehr schaden und besonders die Schwachen ärgern; sie betrübt und skandalisirt allgemein die Guten, vorzüglich durch das spöttische Belächeln jener Hoffnung eifriger Katholiken auf einen nahen Triumph der Kirche, durch den Spott über die Mittel zur Erflehung dieses tröstlichen Ereignisses, über die Pilgerfahrten, Triduen und anderen frommen Uebungen, die zwar für sich allein noch nicht allen Anforderungen Gottes genügen, aber immerhin Etwas sind, nämlich gute und von der h. Kirche genehmigte Dinge. Dieses aber ist zufolge den oben angeführten Regeln des h. Ignatius hinreichend für einen Priester unseres Ordens, um solche Dinge zu loben, zu billigen und zu befördern".

„Ein anderer wenig erbaulicher Punkt ist, daß Sie persönliche Fehler dieses oder jenes Individuums dem ganzen Stande anhängen, wenn Sie z. B. allen Reichen Habsucht vorwerfen, so daß fast Keiner von ihnen in den Himmel käme; oder wenn alle Anhänger der Restauration des päpstlichen Staates verleumdet werden, als ob dieser Wunsch nur auf Eigennutz und nicht auf der Begeisterung für das Wohl der Kirche beruhe; und noch mehr skandalisiren sich die Gläubigen aus dem geistlichen und weltlichen Stande, wenn hochgestellte Personen mit unziemlichen, satirischen und beißen-

---

[1]) Die „Vorlesungen, Lezioni" Curci's waren eigentlich eregetische Abendpredigten, wie sie zum Glück in Italien noch so häufig sind. Anm. des b. Uebers.

den Worten angegriffen werden … Je größere Achtung man mit Recht E. Hochw. entgegenbringt, desto größere Vorsicht und Zurückhaltung müssen Sie sich auferlegen in ungünstiger Beurtheilung solcher Personen, die ihren guten Ruf beim Volke nöthig haben, um zu Gottes Ehre Gutes zu thun".

„Leichtbegreiflich fühlen E. Hochw. tief die Verderbniß der heutigen Gesellschaft und die Leiden der Kirche; aber es berührt mich schmerzlich, daß Sie trotz so großer Gaben, die Sie von Gott erhalten, und trotz aller Mühen, denen Sie sich unterziehen, sich nicht begnügen, auf dem gewöhnlichen, geraden und den Einrichtungen unseres Ordens entsprechenden Wege das Gute zu thun … Ich erkläre feierlich, daß ich die einzelnen in diesem Briefe berührten Punkte nicht für ganz und gar ausgemacht halte: der eine oder andere Umstand kann übertrieben oder minder genau sein. Aber alle diese Dinge sind mir von einsichtsvollen und glaubwürdigen Personen, die eine große Hochachtung für E. Hochw. hegen, berichtet worden; und darum habe ich es für eine Pflicht meines Amtes und meiner Liebe zu Ihnen gehalten, Ihnen meine Ansichten wegen der Wichtigkeit der Sache mitzutheilen".

„Zugleich bitte ich Sie, überzeugt zu sein, daß bei Alledem meine Achtung und Liebe zu E. Hochw. Nichts eingebüßt hat; im Gegentheile werde ich noch inniger beten, daß der Herr Sie immer auf dem geraden und sicheren Weg im Gutesthun leite, damit Sie in keiner Weise anstoßen; daß er Ihnen noch viele Jahre zur größeren Ehre Gottes und zum Wohle der Religion schenken möge". — —

Dieser Brief beweist, daß die Oberen des P. Curci schon vor dem J. 1875 nicht ermangelt hatten, ihm „mit aller Liebe" verschiedene Weisungen und Warnungen über die rechte Weise, den Seeleneifer auszuüben, zukommen zu lassen. Daß er auf dieselben nicht einging, konnte auf seiner Seite nicht die Wirkung eines erleuchteten Eifers sein, welcher geeignet und bestrebt wäre, wahrhaft Gott zu ehren, der Kirche zu dienen und die Seelen zu erbauen.

IV.

Von der Schrift, welche Curci 1875 dem h. Vater überreichte. — Zurechtweisung wegen dieses und anderer Schritte. — Wie Curci dieselbe aufnahm.

Der H. Curci beginnt die Erzählung seiner „persönlichen Erlebnisse" mit der Einreichung seiner Schrift oder seines Briefes an den h. Vater im Juni 1875. Er behauptet (S. 167 f.), daß ihn darüber Niemand tadeln konnte; denn „jeder Christgläubige kann eine beliebige persönliche Idee dem gemeinsamen Vater der Christenheit vorstellen". Dann beklagt er sich, daß er wegen dieses Schrittes von seinem Vorgesetzten einen „Brief von schmerzlicher Härte" bekommen habe.

Niemand hat ihm je darüber einen Vorwurf gemacht, daß er sich an den Papst wandte und ihm seine Ideen aus einander setzte. Weil aber der Verfasser selbst seinen Plan und den Inhalt seiner Schrift mehreren Personen mitgetheilt hatte, so daß sogar die Zeitungen davon sprachen, da man ferner den unehrerbietigen Ton, mit welchem er schmähte und auf hochstehende Personen anspielte, gleichfalls erfahren hatte, so konnten und durften die Oberen nicht mit Stillschweigen über das Vorgehen Curci's weggehen. Wer jenen Schreibebrief, der zwei Jahre später von allen Revolutions-Blättern mitgetheilt worden ist, je gelesen hat, der möge selbst über die Ehrerbietigkeit oder Unehrerbietigkeit des Schriftstückes entscheiden, und ob derselbe den Vorwurf einer „großen Impertinenz" verdiente, oder nicht. Curci selbst anerkennt den Vorwurf in seiner neuesten Schrift, indem er seinen früheren Vorschlag nach Form und Inhalt verwirft und widerruft.

Wir lassen übrigens den von Curci als „schmerzlich hart" bezeichneten Brief des P. General folgen. Er datirte vom 28. Juli 1875, also wenige Monate nach dem bereits mitgetheilten, und lautet:

„Von Sr. Eminenz dem Kardinal N. N. erhielt ich Kunde von der Schrift, die er von E. Hochw. dem h. Vater überreicht hat, und infolge welcher er vom h. Vater beauftragt wurde, mir das Mißfallen Seiner Heiligkeit, Hochwelche Ihren Brief eine Insolenz nannte, kundzuthun.

„Ich muß Ihnen wohl nicht bemerken, welch peinlichen Eindruck diese Botschaft auf mich machte. Im Gespräche mit N. N. erhielt ich genauere Kunde von dem Schriftstück, und ich gestehe, daß mich diese Weise des Vorgehens und der ganze Ton der Sprache mehr beunruhigt, als ich in Worte fassen könnte. Sie maßen sich an, über Alles zu urtheilen, alle Jene, die anders denken, als Sie, zu kritisiren und zu verurtheilen. Sie sprechen verächtlich ab über Männer, die sich Ihren Meinungen nicht unterwerfen, als ob Sie der oberste Schiedsrichter über die heikelsten und schwierigsten Zeitfragen wären."

„Ich weiß nicht, wohin diese Anmaßung, dieser geistige Stolz Ew. Hochw. noch führen wird, und nicht ich allein fürchte für Ihre Zukunft. Es möchte scheinen, daß Sie trotz so vieler Studien in den hl. Evangelien wenig Nutzen aus der Anweisung gezogen haben, die uns Christus gab: „Lernet von mir, denn ich bin sanftmüthig und von Herzen demüthig". Mein lieber Pater! Etwas mehr Liebe und Demuth des Herzens würde Sie davor bewahren, so viele Fehler und Sünden gegen die brüderliche

Liebe und gegen die den höchstgestellten Personen schuldige Ehrerbietung zu begehen; sie würde von Ihnen und Ihren Mitbrüdern so viele Verdrießlichkeiten und große Gefahren abwenden . . . Viele Personen, die Ihnen übrigens Hochachtung schenken, beklagen laut Ihre Weise, nicht nur über Personen unserer Gesellschaft, auch über die Oberen, sondern sogar über viel höher gestellte Männer verächtlich abzusprechen; und noch mehr standalisiren Sie sich über die schlechtverhüllte, in Ihren Worten und Schriften ausgesprochene Opposition gegen die Anschauungen und Unterweisungen des obersten Hauptes der Kirche. Mit Recht erstaunen wir, daß Ihnen bei Alledem die Mahnung unseres Herrn: „Richtet nicht, damit ihr nicht gerichtet werdet", nicht in den Sinn kommt."

Dies ist also der „schmerzlich=harte" Brief, über welchen sich Curci beklagt. Wir haben ihn fast im ganzen Wortlaute mitgetheilt, nicht allein um den Schreiber desselben gegenüber den Klagen Curci's zu rechtfertigen, sondern auch um nachzuweisen, daß der P. General der Gesellschaft Jesu seinen Verpflichtungen nachgekommen ist. Denn Einige, die mit dem Gange der ganzen Sache wenig vertraut waren, machten ihm eine Art Vorwurf daraus, daß er in Betreff Curci's zu nachsichtig und zu duldsam gewesen sei. Der im Briefe enthaltene Tadel und Verweis, der härter ist, als gewöhnlich, kam jedoch nicht von der „bekannten Strömung", wie Curci träumt, und wie er sich in seiner Phantasie zusammenbuchstabirt, sondern von der Gewissenspflicht, die auf den Oberen lastet, die Untergebenen über ihre Fehler zu belehren und zu warnen.

Damit man jedoch sehe, daß der P. General diesen Untergebenen, der ihm so viele Sorgen machte, und an den er so viele Rücksichten verschwendete, nie aus den Augen verlor, und daß er die zustehenden Personen über ihn informirte, so lassen wir einen Passus aus dem Briefe des P. General vom 3. Juli 1875 folgen. Der Brief ist an den Kardinal gerichtet, durch dessen Vermittelung der P. Curci jenes unglückselige Schreiben an den Papst gelangen ließ. In demselben äußert sich der P. General, wie folgt:

„Schon vor etlichen Monaten hatte ich ihm (dem P. Curci) einen ernsten und strengen Brief über seine Art, die kirchlich=politischen Verhältnisse Italiens zu besprechen, zugehen lassen und darin gesagt, daß der hl. Ignatius an einem seiner geistlichen Söhne eine solche Sprache nimmermehr zugelassen hätte. Später sprach ich mit ihm im nämlichen Sinne, und es schien, als ob er meine Bemerkungen gut annehme und seine Weise zu sprechen ändern wolle. Aber man sieht, daß er immer noch fest auf seinen Meinungen beharrt; und ich bekenne, daß mir der Mann trotz so vieler herrlicher Gaben große Besorgniß einflößt".

Auf den oben angeführten Brief des P. General vom 28. Juli antwortete Curci u. d. 2. August von Sorrento aus, wo er sich damals wegen einer Badekur aufhielt. Seine Antwort liegt uns in der Urschrift vor, wir könnten sie also veröffentlichen, thuen es aber aus liebreicher Rücksichtnahme nicht, sondern begnügen uns mit der Bemerkung, daß ein bitterer und schlechtverhehlter Aerger darin zum Ausdrucke kam, daß der Mann „die mehr oder minder trügerischen Berichte" auf Unkosten seiner Person beklagte; über diese Berichte, nicht über seine Person müsse der P. General sich Sorgen machen. Er läugnete alle jene „Schauermären", die man über ihn ausstreue, und setzte bei, er könne sich nicht bessern, „weil in der That die Realität seiner Schuld fehle". Diese Gedanken, fuhr er fort, würden „von allen verständigen Männern, denen er sie kundgegeben, gleichfalls getheilt". Er bedauerte, daß er „in und von der Gesellschaft so unwürdig behandelt worden sei", und schloß mit der Erklärung, daß er vielleicht infolge dieser Vorgänge „hinausgeworfen", aber mit Gottes Gnade nie ein „Apostat" sein werde.

Der Leser vergleiche diese Gesinnungen mit jenen in dem Briefe des P. General, und urtheile dann, ob Curci in seinen Ausdrücken den Anstand bewahrte, welchen ein untergebener Ordensmann seinem höchsten Oberen schuldet. Sicher hat weder der hl. Ignatius seinen Söhnen einen solchen Stil gelehrt, noch ist eine solche Schreibweise mit Gottes Gnade in der Gesellschaft gebräuchlich; denn unsere Ehrerbietung und Folgsamkeit Angesichts der Oberen beruht ganz und gar auf der Liebe zu Jesus Christus, wird gewissenhaft beobachtet und ist eine Quelle des tiefsten Friedens, der Liebe und Eintracht zwischen dem Befehlenden und den Gehorchenden.

V.

Geschichte des Verbotes der Fastenpredigten in Mailand. — Curci erhielt dieses Verbot wegen eines kurz vorher veröffentlichten und ihm zugeschriebenen Werkchens.

Curci erzählt sodann, wie ihm die Fasten-Predigten zu Mailand 1877 verboten worden seien; ein Verbot, welches der P. General „mit gewohnter Härte" erlassen habe.

Wir geben die kurze Geschichte dieses Vorfalles. Gegen Ende Novembers 1876 erschien zu Florenz das Schriftchen: „Die Enthaltung von den politischen Wahlen am 5. und 12. Nov. 1876, in Prosa und in Versen gefeiert".¹) Dasselbe stammte angeblich von einem jungen Priester des Bisthums Fiesole, war aber, wenn nicht ganz von Curci geschrieben, doch gewiß von ihm inspirirt, und erschien ohne Vorwissen und Genehmigung der Oberen. In der neuesten Schrift gesteht Curci seine Autorschaft ein, obgleich der Stil schon längst bewiesen, daß er die Worte in die Feder· diktirt hatte. Die Broschüre wurde in den Blättern viel besprochen und schien eigens auf Stiftung von Zwietracht unter den Katholiken berechnet. Während dieses Rummels erfuhr man, daß der P. Curci auf eigene Faust und ohne Zustimmung seiner Vorgesetzten die Fasten=Predigten in der Kirche San Fedele zu Mailand übernommen habe. Höchst achtbare Männer drangen mündlich und schriftlich in die Oberen, jene Predigten nicht zu gestatten, denn hiedurch würde nur Oel in das Feuer gegossen, da das allgemein dem P. Curci zugeschriebene Werkchen schon genug Zwietracht gestiftet habe. Der Stil und die in demselben vertheidigten Sätze hatten den Verfasser verrathen. Die erhobenen Bedenken waren richtig und vernünftig, wurden auch nachher von angesehenen Personen bestätigt. Wollten nun die Oberen mit Klugheit handeln, so konnten sie nichts Anderes thun, als dem P. Curci die Reise nach Mailand verbieten, besonders auch da er ganz aus sich, also gegen jede Regel seines Ordens, die Predigten übernommen hatte. Und so geschah es.

Curci aber läßt drucken (S. 171): jenes ‚Verbot sei „ein Streich gewesen, den jene Leute ihm gespielt", nämlich die Leute der famosen „Strömung"; er stellt den P. General dar, als ob dieser sich von einem „Zeitungs=Artikelchen", von „einem mit dem jüngsten Gerichte drohenden Privat=Briefe" leiten ließe.

Wir müssen daher auf den authentischen Brief des P. General zu sprechen kommen, weil nur so das nöthige Licht wird über eine Sache, die zwar an sich ohne alle Bedeutung ist, aber von Curci benützt wurde, um sich selbst schuldlos darzustellen und das Gehässige an der Sache auf die gesetzlichen Gewalten des Jesuiten=Ordens abzuladen.

Der P. General schreibt u. d. 8. Jan. 1877 an Curci: „Ich hoffte, daß der Brief, den ich mit herbem Schmerze meines Herzens am 28. Juli 1875 an Ew. Hochw. geschrieben habe, gute Wirkung müßte hervorgebracht haben, und daß Sie daher im Sprechen und Schreiben vorsichtiger und klüger geworden wären. Ich habe mich getäuscht. Seither haben Sie nicht nur mit Ihrer Kritik fortgefahren, wie früher, sondern Sie äußern täglich stärker Ihre Oppositions=Ideen, sei es in Privat=Gesprächen, oder in öffentlichen Predigten, oder in Druckschriften. Sie thuen Alles, damit

---

¹) Le astensioni politiche dei 5 e 12 Novembre 1876, celebrate in prosa ed in versi.

die anderen Leute denken und sprechen, wie Sie, obgleich Sie wohl wissen, daß diese Ihre Gedanken zum Urtheile des hl. Vaters, des Episkopates und der katholischen Gläubigen im Gegensatze stehen".

„Kürzlich ist sodann ein Schriftchen erschienen, das Sie als Ihre Arbeit, oder als von Ihnen inspirirt nicht läugnen können."

„Dies Alles haben Sie gethan und thuen es, nicht nur ohne Genehmigung Ihrer Oberen, sondern trotz der Gewißheit, die Sie haben müssen, daß es denselben im höchsten Grade mißfällt und die Gesellschaft vor der geistlichen Obrigkeit und dem Volke nicht wenig bloßstellt; denn man kann sich nicht erklären, wie ein Jesuit das Gegentheil dessen, was der Papst und die Bischöfe lehren, zu behaupten wage."

„Deßhalb erachte ich es als meine Obliegenheit, Ew. Hochw. zur Pflicht zurückzurufen. Und indem ich laut Alles verwerfe, was Sie in dieser Beziehung gethan, gesagt und geschrieben haben, muß ich Ihnen mein ausdrückliches Verbot zu wissen thun, die genannten Ideen in Wort, Schrift oder anderer Weise zu äußern. Und da Sie auf meine bisherigen Weisungen so gar nicht geachtet haben, setze ich bei, daß ich bei der ersten Uebertretung, die Sie etwa noch wagen wollten, genöthigt sein werde, Sie vom Predigt=Amte zu suspendiren und vielleicht ganz aus Italien abzurufen, wo Ihr Name bei den Feinden des hl. Stuhles und der Kirche schon zu großen Beifall, und bei den Hirten der Seelen Besorgniß und Entrüstung hervorruft. Ich glaube, daß diese Mittheilungen Ihnen nicht zu hart vorkommen werden, da Sie die Gewohnheit haben, die Oberen der Schwäche in Aufrechthaltung der Disciplin und der Gesetze unseres Ordens zu bezichtigen."

„Man sagt mir ferner, daß Ew. Hochw. ganz aus Ihnen selbst und ohne Einverständniß mit den Oberen die Fasten=Predigten zu Mailand angenommen haben."

„Unter den gegenwärtigen Umständen, und nachdem Sie Ihr Buch veröffentlicht und überall verbreitet haben, um Verwirrung und Zwietracht zu stiften, kann und darf ich die Uebernahme jener Predigten nicht genehmigen. Ihre dortigen Predigten würden nach dem Urtheile berufener Personen, die mir darüber geschrieben und geredet haben, nur jenen Parteikampf verschärfen, den Sie mit großartiger Unklugheit hervorgerufen haben. Darum halte ich es für Pflicht, Ihnen diese Fasten=Predigten zu untersagen, und beauftrage Sie, sofort jene übernommene Verpflichtung ganz und gar zu lösen."

„Es thut mir überaus leid, daß ich diese äußersten Maßregeln ergreifen muß. Möchten sich doch Ew. Hochw. überzeugen, daß ich nur dazu greife, weil mich das Gewissen dazu zwingt! Ich bitte Sie, betrachten Sie ein wenig im Angesichte Gottes, in welche Schwierigkeiten Sie durch

Ihre Handlungsweise Ihre Oberen stürzen, welches Aergerniß für die Mitbrüder und für das Publikum daraus entsteht, welche Bitterkeit Sie allen Jenen verursachen, die in diesen bedrängten Zeiten alle Anstrengungen machen, um die Verbindung mit dem hl. Stuhle aufrecht zu erhalten, und um ihre Urtheile nach jenen des hl. Vaters zu regeln."

Man sieht aus diesem Briefe, welchen Antheil die chimärische „Strömung" am Verbote der Mailänder Fasten-Predigten hatte. Gleichwohl legt Curci ihr die ganze Schuld bei. Die wahre und vorzüglichste Ursache des Verbotes aber war das Büchlein, das er unter dem Namen des Kaplans von Scandriglia drucken ließ. Dieser junge Geistliche demüthigte sich bald darauf in lobenswerther Weise vor seinem Bischof und leistete für seinen Antheil an der Schrift öffentliche Abbitte. Wahr ist es aber, daß Curci in seiner neuesten Schrift die geistlichen Oberen jenes Priesters hart anläßt, weil sie denselben auf den rechten Weg zurückgeführt haben. Aber wem geht es in Curci's Buche nicht ebenso? Sogar ein Ruggero Bonghi bemerkt, daß Curci „ungefähr auf Jedermann alle jene Tintenkleye geworfen hat, mit welchen er jetzt seine ehemaligen Alliirten bewirft".

VI.

Ob der P. General der Gesellschaft Jesu für seine Person genaue Kenntniß von dem hatte, was die Schuld Curci's ausmachte.

Durch Brief vom 12. Jan. 1877 unterwarf sich Curci dem Gebote des Generals in Betreff der Mailänder Predigten, ließ jedoch wohl durchblicken, daß er seinen Ideen nicht entsagte.

In seiner Selbst-Vertheidigung beklagt er sich bitter über den P. General, daß derselbe sich nicht weiter in dieser persönlichen Angelegenheit umgesehen habe; er schildert ihn als einen geistig Halb-Blinden, der sich begnügte, den bösen Willen der intriganten Aman gegen ihn, den unschuldigen Mardochäus, einfach zu vollstrecken, der sich von gründlicher Untersuchung der Sache des armen „Dulders" sorglos freigemacht habe. Es ist deßhalb der Mühe werth, hier zwei weitere Briefe des P. General vom Januar 1877 anzuführen, da sie sich auf das Verbot der Fasten-Predigten in Mailand beziehen. Wie man bereits aus den obigen Briefen ersehen hat, so wird man auch aus den folgenden den Schluß ziehen können, ob der P. General der Gesellschaft Jesu die Gesinnung, die Ideen und alle wesentlichen Punkte in der Sache des P. Karl Maria Curci gründlich gekannt habe.

Der P. General schreibt u. d. 19. Jan. 1877: „Ihr Brief, mit welchem Sie den meinigen beantworten, hat mich zwar einerseits erfreut, da ich Ihre guten Vorsätze ausgesprochen las, aber anderseits hat er mir die früheren Besorgnisse nicht benommen. Ew. Hochw. scheinen immer noch für Ihre Ideen zu schwärmen, von denen Sie sagen, daß sie heutzutag vom größeren und besseren Theile des Klerus getheilt werden. Wenn dies auch, was ich jedoch nicht glaube, je wahr sein sollte, so müßte es für uns hinreichen, zu wissen, daß jene Meinungen dem Urtheile des obersten Hauptes der Kirche nicht angenehm, ja entgegengesetzt sind. Davon können Sie überzeugt sein, wie ich es bin. Ich weiß positiv, daß der hl. Vater in einer seiner jüngsten Anreden an eine große Zahl von Gläubigen ähnliche Ideen mißbilligte und gerade Ew. Hochw. und eine zweite Person dabei im Auge hatte. Seien wir also demüthig und gelehrig, mein lieber Pater; unterwerfen wir ehrerbietig, wie es Pflicht ist, unser Urtheil und unsere Ansichten Jenem, welcher uns von Gott als Lehrmeister und Führer in der Kirche gegeben ist. Wer mit dem Papste übereinstimmt, wird nie Häretiker oder Schismatiker, während Alles zu fürchten ist für den, welcher einen anderen Weg einhalten will".

Eine der fixen Ideen Curci's war die, er sei von seinen Mitbrüdern im Orden nicht gern gesehen und verfolgt. Besonders in den letzten Zeiten klagte er hierüber an allen Orten und vor allen Leuten. Auch auf diese Klage antwortet ihm der P. General in den Worten: „Es thut mir gleichfalls sehr leid, daß Ew. Hochw. in der Ueberzeugung zu leben scheinen, als ob die eifrigen Katholiken und besonders die Mitbrüder im Orden Ihnen fortwährend Kämpfe und Verfolgungen bereiten. Wenn Sie unter Ihren Gegnern Jene verstehen, die Ihren Meinungen entgegen sind, so gestehe ich aufrichtig, daß Sie viele Feinde haben, und zwar aus dem angeführten Grunde; diese aber sind nicht Ihre persönlichen Feinde, sondern trauern innig darüber, Sie in dieser Beziehung auf Irrwegen sehen zu müssen, und wünschen, nachdem Ew. Hochw. der Religion so große Dienste geleistet haben, Sie möchten auch fortan Ihre seltenen Talente zur Förderung des Heiles der Seelen und des Wohles der Kirche auf jene Weise und auf jenem Wege verwenden, wie uns vom Statthalter Jesu Christi vorgezeichnet ist. Dies habe ich von Vielen gehört, die aufrichtig Ew. Hochw. lieben und achten, die unseren Erlöser für Sie anflehen. Und mein theuerster Pater, dies ist auch mein Gebet zu Gott, mein Wunsch und mein sehnliches Verlangen".

Und dieser liebreiche Vater, welchen der H. Curci später mit Einem Federzuge als einen „Henker" (carnefice) brandmarken sollte, dieser gute Vater schließt, trotz aller bisherigen schweren und anhaltenden Bitterkeiten in dieser Sache, dennoch seinen Brief in der folgenden liebevollen Weise:

„Schließlich bitte ich Ew. Hochw. von ganzem Herzen, geben Sie Ihrer Seele die Ruhe, werden Sie nicht selbst Ihr Kreuz, indem Sie sich Feinde und Verfolgungen einbilden, wo keine sind. Gott, welcher die Herzen durchschaut, weiß es, wie sehr ich und alle Mitglieder der Gesellschaft Jesu darnach verlangen und darum beten, daß Ew. Hochw., um die Worte Ihres letzten Schreibens zu benützen, von Gott die überfließende Gnade erhalten, daß Sie bis zum Tode mit der Gesellschaft Jesu im Geist und im Berufe geeinigt bleiben. Und ich setze bei: Sie mögen durch Ihre Arbeiten innerhalb des Geistes und der Gränzen unseres Ordens bis zum Tode zur größeren Ehre Gottes und zum Heile der Seelen mitarbeiten".

Dieser Brief brachte trotz seines väterlichen und liebreichen Tones dennoch im Herzen des P. Curci eine gewisse hochgradige Mißstimmung hervor, in deren Folge er sich entschloß, dem P. General zu schreiben, daß er fortan das Predigt=Amt aufgebe und die Kanzel, auf welcher er damals in Florenz predigte, nicht mehr betreten werde.

Der P. General erwiderte ihm am 25. Jan. 1877: „Mein lieber Pater! Thuen Sie das nicht! Dies ist nicht meine Absicht, ja das gerade Gegentheil. Die Umstände haben mich genöthigt, Ihnen die Fasten=Predigten zu Mailand zu versagen, aber nicht im Allgemeinen Ihnen die Predigt des Evangeliums Jesu Christi abzunehmen. Wenn Ew. Hochw. nur ein wenig über den Geist unseres Berufes nachdenken wollen, so werden Sie erkennen, daß die Gesellschaft Jesu ganz speciell dem Gehorsame des Römischen Papstes ergeben und geweiht ist, daß also die Oberen in keiner Weise zugeben können, daß ein Mitglied derselben pro aris et focis eine Meinung festhalte, die in jeder Beziehung in Opposition steht zu jener, welche der hl. Vater bei jeder Gelegenheit als die Seinige äußert. Diese Opposition ist nun allbekannt, und Ew. Hochw. selbst können dieselbe nicht läugnen, da Sie in so verschiedenen Weisen beständig und öffentlich sich darüber geäußert haben, wie ich Ihnen in meinem letzten Briefe schrieb. Auch hilft Ihnen die Entschuldigung Nichts: der Papst habe sich in diesem Punkte getäuscht und verstehe Sie nicht . . . Theuerster Pater! Sie wissen besser, als ich, was für Leute auf solche Entschuldigungen rekurriren. Uns steht es zu, nicht zu urtheilen, sondern zu gehorchen".

„Dieses und die traurigen Umstände, die in diesem Punkte mit Ihrem Namen verkettet sind, sind die wahre Veranlassung für mich gewesen zu jenen Maßregeln, die Ihnen Verdruß, aber auch mir tiefinnerlichsten Schmerz bereitet haben. Mein lieber Pater! Verbittern Sie die Sache nicht, indem Sie darauf bestehen, Nichts mehr arbeiten zu wollen. Fahren Sie vielmehr fort, das Heil der Seelen zu fördern und, wie Sie mir schreiben, Jesum, den Gekreuzigten, zu predigen. Wir wollen abseits lassen, was uns nicht angeht; wir wollen Jenem folgen, der uns an Gottes Statt regiert; wir wollen Ihm aus aufrichtigem Herzen gehorchen und uns hierin nach der Regel unseres hl. Stifters richten, der am Ende seines Exercitien-Buches (Reg. 13) uns sagt: „Wir müssen glauben, daß der Geist unseres Herrn Jesus Christus und jener der rechtgläubigen Kirche, Seiner Braut, Einer und Derselbe ist; durch Ihn werden wir zum Heile geführt und geleitet". Wenn Ew. Hochw. so handeln, so werden Sie bei den guten Katholiken keinen Widerspruch finden; dann werden Sie Ihren Oberen und allen Söhnen der Gesellschaft Jesu sehr große Freude machen, viel Gutes wirken können und in der That wirken, und von Gott immer reichlichere Segnungen erhalten."

VII.

Eine Erfindung Curci's. — Sein Brief an den h. Vater vom Februar 1877. — Sein Auftreten in den Mai-Predigten zu Mailand.

Aus Veranlassung des Verbotes der Fasten-Predigten in Mailand spricht Curci von einem „Befehle des Papstes", ihm jene Kanzel zu versagen; und er schreibt, man habe „ihm dies im Stillen zu verstehen gegeben". Darüber ergießt er denn eine Lauge satyrischer Bemerkungen, die wir hier nicht qualificiren wollen. (S. 171 f.) —

Aber kein einziger Oberer hat ihm je „zu verstehen gegeben", daß der hl. Vater Gebote oder Verbote in jener Angelegenheit erlassen habe. Ja im Gegentheile „gab man ihm zu verstehen", daß Seine Heiligkeit von dem Predigt-Verbote des P. General und von den Beweggründen zu diesem Verbote benachrichtigt worden war und die Maßregel des P. Beckx „vollständig gebilligt hatte".

Noch existirt ein Brief jenes Paters, welchem Curci übergroße Einfalt vorwirft, weil derselbe den Spruch des Papstes über Karneades nicht als Anspielung auf Curci annahm. Dieser Pater, kein Geringerer, als der P. Provincial des Curci, schreibt: „Ich sagte dem P. Curci wiederholt, daß der hl. Vater jenen Satz als Sprichwort gebraucht habe, um das zu billigen, was der P. General schon gethan hatte, indem er die Fasten-Predigten untersagte. Und demnach war jenes Motto des hl. Vaters durchaus keine Veranlassung zu jener Entschließung." Darauf kommt also das satyrische Zeug Curci's hinaus, das einen Mann verächtlich machen sollte, weil derselbe das Unglück gehabt hat, Curci's Oberer zu sein.

Curci schreibt: Als der Papst über ihn und seine Einwirkung auf die Jugend sprach, habe er (der hl. Vater) gesagt: „Wenn diese Leute gewisse persönliche Ideen verbreiten wollen, muß man mit ihnen verfahren, wie Cato mit Karneades verfuhr." Durch diese Mittheilung hat Curci nur sich selbst geschadet. Denn was war Karneades? Ein Sophist, welcher die römische Jugend bethörte. Und wie verfuhr Cato mit ihm? Er jagte ihn aus Rom. Nun möge der Leser selbst sagen, ob Curci sich rühmen dürfe, daß der Papst ihn mit einem Sophisten verglichen habe, und ob der Sinn der Vergleichung darauf hinauslaufe, man solle den Curci nur von einer Mailänder Kanzel fernhalten. Wahrlich! Hätte Curci den Don Abondio Manzoni's (in den ‚Promessi sposi') zu Rathe gezogen, ob er jene Anekdote zum Hohn auf den füheren Provincial solle drucken lassen oder nicht, so wäre Don Abondio mit der richtigen Antwort gar nicht „in Verlegenheit" gewesen.

Der Mann erzählt, bei jener Verkettung von Umständen habe er es dahin gebracht, daß Einer der angesehensten Prälaten des Päpstlichen Hofes den hl. Vater über seine (Curci's) Persönlichkeit befragt habe, worauf der die Antwort erhielt: „Der hl. Vater sei über ihn etwas unzufrieden wegen der Urtheile, die sich Curci über die jetzige kirchliche Politik in Beziehung auf „Italien", in Schriften und Reden erlaube." (S. 171.) — Man weiß nicht, ob der Prälat in seinem Berichte über die Worte des Papstes, oder ob Curci in der gedruckten Veröffentlichung jener Worte aus leichtbegreif= licher Rücksichtnahme die Zuflucht zu einem Euphemismus genommen habe. Nur die Thatsache steht fest, daß Curci sich diesmal bis zur Evidenz dar= über klar werden konnte, wie nicht allein der P. General und die Mit= brüder aus dem Jesuiten=Orden nebst den Fanatikern der vatikanischen „Strömung" seine Ansichten mißbilligten, wie vielmehr der Papst selbst mit Curci's Reden und Schriften „etwas unzufrieden" war. Also konnte der Mann es mit Händen greifen, daß ihn die Oberen aus tausend Grün= den mahnten und warnten, weil der hl. Vater mit ihm unzufrieden war, woran jetzt kein Zweifel mehr sein kann.

Curci fährt fort (S. 172): „Kaum hatte ich jene Mittheilung erhal= ten, so richtete ich an den hl. Vater ein demüthiges Schreiben, in welchem ich kindliche Entschuldigungen wegen des ihm verursachten Mißfallens vor= brachte und zugleich die Versicherung gab, daß ich ihm fernerhin keine Ver= anlassung zur Unzufriedenheit geben werde."

Wir können die Lücken dieser Darstellung ausfüllen, da wir den Vorgang genau kennen. Es liegt uns eine sorgfältige Abschrift jenes Briefes vor, der wirklich sehr demüthig und eines Ordensmannes würdig ist. Wir theilen nur Einen Passus daraus mit. Derselbe hätte dem Manne große Ehre eingetragen, wenn er auch in der That geleistet hätte, was er damals auf dem Papiere versprach. Der Passus lautet: „Aus Gehorsam gegen meine Oberen war ich bereits fest entschlossen, weder in Wort noch in Schrift je wieder auf jene Materie einzugehen; und hätte ich nach Mailand gehen dürfen, so hätte ich den festen Vorsatz mitgenommen, nicht die leiseste Anspielung zu machen. Seitdem ich aber gehört habe, daß die Intention Eurer Heiligkeit dieselbe ist, so verspreche ich, daß Eure Heiligkeit nicht mehr hören wird, jener Punkt sei von mir berührt worden. Den Rest des Lebens, welchen Gott mir schenkt, will ich einzig dazu verwenden, daß Jesus Christus erkannt und geliebt werde, im vollen Gehorsam und in der Ergebenheit gegen Seinen Statthalter auf Erden."

So schrieb Curci an den hl. Vater am 10. Febr. 1877. Wie ist es nun möglich geworden, daß im Dezember des nämlichen Jahres dieses sein neues Buch erschien, das von nichts Anderem handelt, als eben von dem „Punkte", welchen niemals mehr zu berühren Curci dem hl. Vater gelobt hatte? Hieraus mag man erkennen, welches Gewicht er selbst seinen Gelöbnissen, sogar jenen an den hl. Vater, beilegte.

Obgleich er nicht „das huldreiche Lächeln des Vatikans" suchte, und sagt, daß Andere dasselbe als „einzigen und erhabensten Leitstern" betrachten (S. 181), und obgleich er von sich schreibt, daß „auch er im Nothfalle ein wenig den Höfling spielen könne" (S. 188), so kann man doch nicht glauben, daß sein Brief an den Papst bloße höfische Schmeichelei gewesen sei, oder daß der Pater blos zum Spaß geschrieben habe: „Da ich nun weiß, daß Euere Heiligkeit Mißfallen an mir haben mußte, so bereue ich dies ebenso, wie meine Sünden." Also bleibt nur die Annahme übrig, daß seine nachherigen Thaten, die in solchem Widerspruche mit seinen Versprechungen stehen, aus einer anderen Quelle entsprungen sind. Sollte Folgendes vielleicht das Richtige sein? Curci unterschied in der Person Pius' IX. „den ehemaligen Souverän und den Papst". Zu dieser Unterscheidung sei der General der Gesellschaft Jesu wegen übermäßiger Einfalt nicht befähigt gewesen, als es sich um jenen persönlichen Einzelfall gehandelt habe. „Dem P. General, einem frommen und im Gehorsame blinden Religiosen, fiel diese Distinktion nicht einmal ein." (S. 189.) Desto besser fiel sie Curci ein, und so mochte dieser sich einbilden, er könne am 10. Febr. 1877 dem Papste Etwas geloben, was er wenige Monate später dem ehemaligen Souverän nicht gehalten hat. Wie dem auch sein mag, man traute seinen Worten und hielt sein gemachtes Versprechen für ein aufrichtiges; er bekam vom hl. Vater den Segen und vom P. General, der immer in dessen Wünsche einging, wo es nur möglich war, die erbetene Erlaubniß, den Mai=Monat in Mailand zu predigen, jedoch unter der gemessenen Weisung, vorsichtig zu sein und das dem Papste und dem Ordens=Oberen geleistete Versprechen zu erfüllen.

Was der Mann in Mailand that, das wissen die Einwohner jener Stadt. In der Oeffentlichkeit nahm er sich zusammen. Es ist ungefähr so, wie er selbst (S. 185) sagt, er habe in seinen Predigten „keine Silbe gesagt, nicht die leiseste Anspielung gemacht in Betreff der gefürchteten Materie." Ich sage: „ungefähr so"; denn jeder Zuhörer konnte es in den Predigten mit eigenen Ohren hören, daß der Redner nur darum nicht auf die „gefürchtete Materie" einging, weil er hohen Weisungen von Oben folgen müsse, und weil er seinem Versprechen gegen Jemand, der das Recht zu befehlen und einen Anspruch auf Gehorsam habe, nachkommen müsse. Aber das Nämliche läßt sich nicht von seinen Privat=Gesprächen sagen. Er selbst murrt in der Folge darüber, daß man „im Vatikan munkelte, er habe, der Himmel weiß, welche Propaganda, besonders in Mailand, gemacht und die katholischen jungen Männer bethört." (S. 185.) — Als er über diese Handlungsweise von seinen Oberen zur Rechenschaft gezogen und an sein förmliches Versprechen gemahnt wurde, antwortete er, wie wir weiter unten aus einem Briefe des P. General entnehmen, er habe dem Papste nur versprochen, über das „gefürchtete Thema" in der Oeffentlichkeit, nicht aber im Privat=Verkehre zu schweigen.

VIII.

Ohne Zuthun Curci's veröffentlichen die Tagesblätter seine Eingabe an den h. Vater vom J. 1875. — Nothwendigkeit einer öffentlichen Abbitte für das gegebene Aergerniß. — Der P. General befiehlt diesen Akt. — Curci's ausweichende Antwort.

Im März 1877 brachte die Zeitschrift ‚Rivista Europea' das Schreiben, welches der P. Curci im J. 1875 dem hl. Vater eingereicht hatte; die ‚Gazzetta d'Italia' vom 6. Juli druckte es ab, und so ging es durch alle Tagesblätter, so daß es in kürzester Zeit die denkbar größte Verbreitung fand. Daß dieser leidige Vorfall ohne jedes Zuthun Curci's, nicht nur ohne Schuld von seiner Seite, sondern zu seinem lebhaften Bedauern sich ereignet hatte, das betheuerte und bewies der Mann selbst. Man kann ihm hiebei vollen Glauben schenken, wie denn auch seine Oberen thaten.

Solange dieses Schreiben dem größeren Publikum verborgen geblieben, war von Seiten Curci's eine private Mißbilligung und der ihm ertheilte Verweis, über den er sich oben so bitter ausließ, zur Sühne hinreichend. Auch der demüthige Brief mit der Bitte um Verzeihung, welchen

Curci Seiner Heiligkeit einhändigen ließ, konnte als genügende Sühne für die in jener Schrift dem Papste zugefügte Unbild gelten. Aber jetzt konnte man infolge der Veröffentlichung des Schreibens in Italien und im Auslande allgemein die Unziemlichkeiten, Spötteleien und tadelnden Kritiken über die kirchliche Auktorität lesen; Dinge, von welchen der famose Brief wimmelte. Und mußte schon das Schreiben bei der privaten Ueberreichung sehr mißfallen, wurde es nach Curci's eigenem Zeugnisse als „große Impertinenz" bezeichnet, so mußte es jetzt noch viel mehr mißfallen, da es gedruckt in Aller Hände kam. Und erregte schon eine dunkle Kenntniß vom Inhalte des Schreibens solches Aergerniß, so mußte dasselbe sich unsäglich steigern, da man nun den vollständigen Wortlaut vor Augen hatte, und der geheimbündlerische Journalismus einstimmig seine gottlosen und boshaften Erklärungen dazu gab. Daher schuldete man dem öffentlichen Aergernisse eine öffentliche Genugthuung, wie man früher der Privat=Unbild eine Privat=Sühne hatte zu Theil werden lassen.

Somit schrieb der P. General am 22. Juli 1877 an Curci, der damals in Sorrento war, den folgenden Brief:

„E. Hochw. werden bereits wissen, daß Ihr Schreiben, welches Sie 1875 privatim dem hl. Vater überreichen ließen, und das ich schon in meinem Briefe an Sie vom 28. Juli 1875 laut mißbilligte, jetzt in den Tagesblättern veröffentlicht worden ist. Ich setze voraus, daß Sie selbst bei dieser Veröffentlichung in keiner Weise betheiligt sind; aber thatsächlich hat der Abdruck des Schreibens in den Zeitungen allenthalben Erörterungen und Diskussionen und bei allen braven Katholiken schweres Aergerniß verursacht. In jenem Schreiben liest man Ideen, Grundsätze, Worte und Anspielungen in Betreff der kirchlichen Regierung, und zwar in einer Weise, welche dem einstimmigen und allgemeinen Urtheile des Episkopates und den Entschließungen Seiner Heiligkeit widerspricht. Wie daher Seine Heiligkeit sehr ungehalten darüber war, daß ein Religios der Gesellschaft Jesu die Vermessenheit hatte, ein solches Schriftstück privatim einzureichen, so mußte dem hl. Vater jetzt die Veröffentlichung jener Eingabe mit Recht in hohem Grade mißfallen. Darum ist von Ihrer Seite eine wahre und sofortige Genugthuung unerläßlich; und ich muß dieselbe verlangen im Namen der Gesellschaft Jesu, die in Ihrer Schrift schwer kompromittirt ist."

„Deßhalb ertheile ich Ihnen den gemessenen Befehl, mir eine aufrichtige Erklärung zu übersenden, in welcher Sie Ihre, jetzt in den Zeitungen veröffentlichte Schrift vom J. 1875 und zugleich damit die darin enthaltenen Ansichten und Grundsätze verwerfen und verdammen; in welcher Sie ferner Alles widerrufen, was je in Ihren Büchern, in Ihren öffentlichen Reden und Privat=Gesprächen gegen die Vorschriften und Anordnungen des hl. Stuhles und des Papstes, gegen die Sätze des Syllabus und die sonstigen Akte der höchsten geistlichen Behörde verstieß; in welcher Sie demüthig Alle um Verzeihung bitten, welche durch Ihre Meinungen in Irrthümer verfallen konnten; in welcher Sie endlich demüthigst den hl. Vater um Vergebung Ihrer Schuld und Vermessenheit anflehen und zugleich versprechen, daß Sie künftig nie mehr, weder mündlich noch schriftlich, weder in der Oeffentlichkeit noch im Privat=Verkehre, solche Ideen und Ansichten vorbringen wollen, außer um dieselben zu mißbilligen und zu verwerfen, daß Sie leben und sterben wollen als gehorsamer Sohn der Kirche und in der Unterwerfung unter alles das, was die katholische Kirche und der hl. Stuhl lehren, glauben und denken."

„Ich erwarte eine schleunige Antwort in dem angegebenen Sinne, damit ich mich derselben den Umständen gemäß bedienen kann."

Es handelte sich also hiebei nicht um Lehren, nicht um das Dogma, noch, wie Curci (S. 176) schreibt, um „unedle Händelsucht, Zweideutigkeiten und Lügen", noch auch um „die nähere oder entferntere Restauration der weltlichen Herrschaft", oder um „die ihr vorausgehende oder nachfolgende Zertrümmerung der Einheit Italiens", oder um „die Enthaltung von den politischen Wahlen", — sondern um einen einfachen Akt der Sühne für das gegebene Aergerniß, **um einen Akt des Gehorsams und der Unterwerfung unter alles das, was der hl. Stuhl lehrt, glaubt und denkt.**

Wie war nun die Antwort auf den angeführten Brief des P. General? Wir könnten sie wörtlich mittheilen; aber da Curci selbst in seiner neuesten Schrift bekennt, er sei von diesem brieflichen Schlage betäubt gewesen und habe in seiner geistigen Verwirrung auf die ganze Angelegenheit tölpelhaft geantwortet (S. 175), so wollen wir Mitleid mit ihm haben und blos im Allgemeinen anführen, daß er zuerst seine Schuldlosigkeit an der Veröffentlichung des famosen Schreibens betheuert und nachweist, daß er ferner der eigentlichen Frage ausweicht und (27. Juli 1877) erwidert, er sei zur folgenden Erklärung bereit: ‚Vollkommen und aufrichtig hänge er in Sachen des Glaubens und der Sitten den Lehren der Kirche und ihres sichtbaren Hauptes, mit Einschluß des Syllabus, an.' Aber er sehe nicht ein, welches Bedürfniß vorliege, und welchen Erfolg es haben solle, eine derartige Erklärung zu veröffentlichen in Betreff eines Schriftstückes, in welchem entfernt keine Spur von christlicher Dogmatik oder Moral behandelt werde. Vielmehr drehe sich der wesentliche Inhalt desselben um Dinge aus der Praxis, worin nach seiner Ansicht der Vatikan, wie in so vielen anderen Fällen, auch jetzt sich täuschen könne."

Demnach weigerte er sich, jene Erklärung, welche die Obern von ihm verlangten, zu veröffentlichen.

IX.

Logische Widersprüche Curci's in dieser Angelegenheit. — Neues Drängen des P. General. — Weigerung und auffallendes Benehmen Curci's.

Gut ist es, daß Curci in seiner Schrift sagt, er sei bei Abfassung seines letzten Briefes „geistig verwirrt" gewesen, habe daher „auf die ganze Angelegenheit tölpelhaft geantwortet". Man müßte dies auch ohne seine ausdrückliche Versicherung annehmen. Wer das an den Papst eingereichte Schreiben gelesen hat, der weiß nur zu gut, wie stark dabei die „Moral" betheiligt sei. Wir deuten nur an, daß die in jener Schrift von Curci dem Papst ertheilten Rathschläge in engster Beziehung standen mit den in Nr. XIII. aufgeführten Censuren der Bulle Pius' IX. „Apostolicae Sedis", ferner mit den Bullen Pius' V., Innocenz' IX., Klemens' VIII. und anderer Päpste, welche jene Materie definiren und erläutern.[1]

Uebrigens hat Curci selbst wenige Monate später eingesehen, wie maßlos die „Impertinenz" jenes Schreibens gewesen ist, so daß er dasselbe in der vorliegenden Broschüre „nach Form und Inhalt" widerruft und sogar zugibt, daß sein Plan einer praktischen Versöhnung zwischen dem h. Stuhl und der Revolution „eine unverständige Utopie" gewesen sei, von welcher „man nicht mehr sprechen möge". Hiermit rechtfertigt er nachträglich, wie gesagt, den hochw. P. General, der schließlich gerade das Nämliche von ihm verlangt hatte, daß er nämlich sein Schreiben nach Form und Inhalt verwerfe, und zwar auch soweit, als sich dieselben Gedanken in andere Schriften Curci's eingeschlichen hatten.

Die Antwort des Mannes war ungenügend. Deßhalb erwiderte ihm der P. General am 31. Juli 1877 das Folgende:

„Das Schreiben vom 27. d. M. hat mich nicht befriedigt. Es handelt sich hier nicht um eine Erklärung, daß E. Hochw. sich allen Wahrheiten unterwerfen, die zum Glauben im strengsten Sinne des Wortes gehören, sondern, wie ich Ihnen deutlich genug geschrieben zu haben glaube, um eine gerechte Genugthuung, die Sie dem h. Vater wegen der Grundsätze und Ideen schulden, die Sie in Ihrem Schreiben vom J. 1875, das eben jetzt veröffentlicht worden ist, ausgesprochen haben."

„Wie E. Hochw. wissen, hat dies Schreiben schon bei der privaten Ueberreichung desselben dem h. Vater sehr mißfallen. Jetzt aber hat die

---

[1] „Excommunicationes latæ sententiæ Romano Pontifici reservatæ." N. 13: Omnes, qui excommunicatione mulctantur in Constitutionibus S. Pii V. „Admonet nos" .... alienationem et infeudationem civitatum et locorum S. R. E. respicientibus.

Veröffentlichung deßselben, wenn dieselbe auch gemäß Ihrer Versicherung ohne Ihre Schuld geschehen ist, das Mißfallen des Papstes in einem weit höheren Grade hervorgerufen. Wie Sie nicht läugnen können, sind in jenem Schreiben Ideen ausgeführt, welche dem widersprechen, was der Papst und der Episkopat in der Gegenwart als nothwendig für eine gute Regierung der Kirche erklären. Deßhalb muß die Veröffentlichung dieser Ihrer Ideen ein großes Aergerniß bei den Gläubigen erwecken, wenn sie sehen müssen, daß ein Priester und Religios anders urtheilt und denkt, als der Papst und die geistlichen Oberhirten".

„Deßhalb schulden Sie dem Papst eine Genugthuung und dem Volke für das gegebene Aergerniß eine Sühne. Dies aber ist nur möglich durch die folgende Erklärung: Da Ihre in dem bekannten Schreiben dargelegten Ideen und Rathschläge vom Papst und von den mit ihm vereinigten wahren Gläubigen mißbilligt worden seien, so verwerfen auch Ew. Hochw. dieselben und protestiren gegen die geschehene Veröffentlichung; zugleich versprechen Sie, jene Ideen weder in Schrift noch Wort, weder öffentlich noch privatim, je wieder vertheidigen oder verbreiten zu wollen."

„Entschuldigen Sie sich nicht damit, daß dies bloß Ihre persönlichen praktischen Urtheile seien. Ew. Hochw. mögen selbst bedenken, welche Verwirrung und Unordnung in der Kirche entstände, wenn ein Jeder sich auf sein sog. praktisches Urtheil berufen und so die Akte, die Regierung, die Denk= und Handlungsweise des Statthalters Christi bekritteln dürfte, selbst in dem Falle, daß es nicht um Sachen des Glaubens und der Sitten ginge."

„Daß obendrein ein Mitglied der Gesellschaft Jesu, die zufolge ihrem Institute dem Papst ganz besonders gehorsam und ergeben sein muß, sich herausnimmt, das Verfahren und die Regierungsweise des hl. Vaters zu tadeln, ja die nämlichen Gesinnungen zu verbreiten und anderen Leuten beizubringen: das ist ein so enormer Fall, daß er den Gläubigen nur großes Aergerniß und dem Statthalter Jesu Christi den lebhaftesten Schmerz bereiten muß."

„Somit erneuere ich meinen dringenden Befehl, daß mir Ew. Hochw. eine ausdrückliche Erklärung genau in dem angegebenen Sinne einschicken und Sorge tragen, dieselbe auch in der äußeren Form geziemend abzufassen, weil ich dieselbe nothwendig dem hl. Vater, welcher diesen Akt schuldiger Unterwerfung erwartet, einhändigen muß."

„Und da ich diesen Brief gerade am Jahresfeste unseres hl. Vaters Ignatius schreibe, so bitte ich Ew. Hochw., Sie mögen sich an jene Gesinnungen erinnern, die unser hl. Stifter in Betreff der kirchlichen Oberhirten selbst hegte und seinen Söhnen einflößte. Lesen und betrachten Sie ein wenig die Regel 10 und 13 „Ut cum orthodoxa Ecclesia vere sentiamus" im Exercitien=Buche. Schließlich bitte ich Sie: bedenken Sie doch die traurigen Folgen, welche für Ihre Seele eintreten können, wenn Sie sich meinem Gebote nicht folgsam und willfährig zeigen sollten. Indessen werde ich, wie ich bereits heute früh gethan habe, fortwährend zum hl. Ignatius beten, er möge Ihnen von Gott jene Erleuchtungen und Gnaden erflehen, die zu diesem Zwecke nothwendig sind."

Konnte dieser Brief klarer in den Begriffen, genauer in den Worten, liebreicher in der Ausdrucksweise sein? Und doch schritt Curci von einer inneren Irrung zur anderen und antwortete u. d. 3. August in einer Weise, daß wir aus Rücksichten der Liebe und des Mitleids seinen Brief nicht veröffentlichen wollen, sondern nur im unabweislichen Interesse der Geschichte folgende Gedanken ausheben. Was man von ihm verlange, sei unvernünftig und unwahr; er müsse mit seinem „eigenen", nicht mit einem „fremden" Kopfe denken. Das enorme, ihm zur Last gelegte Aergerniß sei eine „Erfindung". Am Schlusse erklärt er, daß er den Befehl des P. General nicht thuen und lieber seinen Beruf zum Orden daran geben wolle; darum möge der General=Obere, wenn er wolle, „den haarbünnen Faden zwischen der Gesellschaft Jesu und ihm vollends zerreißen", aber ja nicht mehr „mit dem alten Vorschlage" kommen.

Da der H. Curci bereits seine beiden früheren Briefe an den P. General „in geistiger Betäubung und Verwirrung" geschrieben hatte, so begreift man leicht, ob auch der eben genannte „tölpelhaft" (balorda) gewesen sei. Aber unbegreiflich bleibt es, daß er auch nachher, als er sich wieder klarer geworden war, nämlich in dem vorliegenden Schriftchen Stein und Bein klagen konnte, „man habe während zweier Monate keine Verbindung mehr mit ihm unterhalten, ihn nie gerufen, nie gefragt oder fragen lassen, nie angehört, nicht etwa damit er sich rechtfertige, sondern blos damit er einige Erklärungen über die ihm beigelegte Schuld vorbringe. Und doch sei es Grundsatz, nicht blos des kanonischen, sondern sogar des Natur=Rechtes, Niemanden ungehört zu verurtheilen. (S. 181.) Diese Ausflüchte müssen ihm als Veranlassung dienen, auf den verehrungswürdigen General der Gesellschaft Jesu hineinzufallen und hineinzuhacken, so daß er ihm schließlich den Titel eines „Exekutors mit dem Namen, welchen derselbe in jeder Sprache führt", d. h. eines Henkers, zu geben wagt. („Un esecutor col nome che porta in tutte le lingue.")

Wollten wir Unbilden mit Unbilden vergelten, so wäre es uns leicht; aber solche gelten unter Gebildeten nicht und sind keine Beweise. Wir wollen Curci nur an den Schluß seiner zweiten Antwort erinnern, wo er den P. General bittet, ihm „nicht mehr mit dem alten Vorschlage" zu kommen, d. h. jene Materie, welche die Substanz der mit Curci verhandelten Sache bildete, nicht mehr zu berühren, und wo er seinen Ordens=

Oberen geradezu auffordert, ihn ganz nach Gutbefinden aus der Gesellschaft zu entlassen. Angesichts dieser förmlichen Weigerung, einem wichtigen und ausdrücklichen Gebote des General-Oberen in einer pflichtmäßigen Sache nachzukommen, — Angesichts der so ausdrücklichen Weise, mit welcher Curci erklärte, er wolle über den Kernpunkt jenes Gebotes nicht mehr behelligt und gelangweilt werden, — was blieb da dem P. General Anderes übrig, als in der Weise vorzugehen, wie man in den religiösen Orden und in allen Körperschaften gegen widerspenstige Mitglieder verfährt, d. h. ihn einfachhin aus der Gesellschaft Jesu auszuschließen? Der P. General hätte es sofort mit vollem Rechte thun können, und wenn er es, natürlich mit den nöthigen Vollmachten vom hl. Stuhle, da Curci Profeß war, wirklich gethan, so hätte er unläugbar gerecht und nach dem Vorgange des hl. Ignatius bei ähnlichen Fällen gehandelt. Statt nun mit strenger Gerechtigkeit vorzugehen, ließ ihm der herzensgute P. General, der mit unerschöpflicher Geduld die Sprünge seines Untergebenen ertrug, noch zwei volle Monate Zeit, damit er in das eigene Herz einkehren und den schon so lange eingeschlagenen Irrweg erkennen möchte. Ja, wie wir alsbald sehen werden, der Obere sann auf neue Mittel der Liebe, um den Aermsten vom Abgrunde zu retten. Und Curci hat die Stirne, gerade diese Liebe und Geduld seines Oberen als Waffe gegen diesen selbst zu kehren und ihm mit dem entehrenden Titel „Henker" (carnefice) zu entgegnen! Oh Herr Karl Curci! Entschuldigen Sie, wenn wir vor Ihren Augen drucken lassen: Als Sie diesen öffentlichen Schimpf unserem und ehemals auch Ihrem Vater in's Angesicht geschleudert, haben Sie entweder gegen Ihr Herz, oder gegen Ihre Ehre gelogen!

X.
Stand der Sache Curci's nach der Weigerung des Gehorsams.

Weil die Sache schon so weit gekommen war, oblag es dem P. General kraft seines hohen Amtes und im Interesse der Ehre des Ordens, einerseits auf Mittel und Wege zur Erweichung des widerspenstigen Mitgliedes zu denken, anderseits am schuldigen Orte den pflichtmäßigen Bericht über den Vorgang zu erstatten.

Am 8. August 1877 schrieb der hochw. P. Beckx an eine hohe Person: „Die Antwort vom 3. d. M. ist eingetroffen, und Sie glauben nicht, wie sehr mich dieselbe bestürzt und betrübt hat, da es mir schien, daß man fortan nichts Gutes mehr hoffen könne... Stellen Sie sich meinen Schmerz vor, wenn ich sehen muß, daß ein Mann von solchem Talente, von so großen Verdiensten um die Kirche jetzt seinen Kopf darein setzt, widerspenstig gewisse Ideen und Grundsätze festzuhalten und sich in offenem Gegensatze gegen die Anschauungen des Statthalters Jesu Christi und als Religios gegen die ausdrücklichen Gebote seiner Oberen aufzubäumen. In seinem zweiten Briefe eröffnet er mir klar und deutlich, daß er die Gnade seines Ordensberufes nicht mehr hoch anschlage, auf der anderen Seite weist er jeden Zaum des Gehorsams ab und ist erpicht darauf, seine so oft mißbilligten Gedanken und Grundsätze wenigstens im Privat-Verkehre festzuhalten und zu verbreiten. Somit sehe ich keine Möglichkeit mehr, ihn bei uns zu erhalten, ohne die Gesellschaft Jesu schwer zu beschädigen und bloßzustellen".

Am 30. August berieth sich der P. General mit den zuständigen Personen, ließ sich den Haupt-Bericht über die Angelegenheit Curci's vorlegen und sagte dann in einem Schreiben an die nämliche hohe Person:

"Um den beklagenswerthen Zustand des armen Paters Curci besser zu erkennen, möchte es hinreichen, auf seinen Brief vom 3. August zu reflektiren, worin er schreibt, daß er schon seit etwa dreißig Jahren in der Gesellschaft Jesu einen häuslichen Krieg gegen seine Person durchmachen müsse. Ich kann versichern, daß er bis zum letzten Jahre immer mit aller Liebe und Rücksicht behandelt worden ist; da er aber unter seinen Mitbrüdern Niemanden antrifft, der mit seinen Ideen übereinstimmt, und der seine Grundsätze gutheißt, so betrachtet er Alle als Gegner und Verfolger, und mehr als Alle die Schriftsteller der Civiltà cattolica, die im Gegentheile eine Besprechung seiner Verirrungen in ihrer Zeitschrift sorgfältig vermieden, um ihn nicht noch mehr zu reizen und zu erbittern. Aus dem nämlichen Oppositionsgeiste in seinem Kopfe ist es abzuleiten, daß er fast nie unter seinen Mitbrüdern leben will .... Unter dem Vorwande, ruhiger zu leben und besser studiren zu können, hat er sich bald bei einem Priester oder einem Pfarrer, bald in der Stadt, bald auf dem Land eingemiethet."

"Diese seine Weise zu leben, zu denken und zu wirken entspricht seinem Berufe sicher nicht. Aber in Anbetracht des Charakters und der Eigenschaften des Mannes wollte man mit ihm Nachsicht haben, in der Hoffnung, ihn so auf den guten Weg zurückzuführen. Diese Hoffnung ist jedoch jetzt vereitelt, da er hartnäckig jede Unterwerfung und jedes Heilmittel zurückweist. Man hoffte, er werde nach dem dies Jahr an den h. Vater geschriebenen Briefe, in welchem er versprach, nicht mehr öffentlich seine Ideen auszukramen, sich endlich bessern, und darum wurde ihm die Erlaubniß zu den Mai-Predigten in Mailand ertheilt; aber er betrug sich dort so übel und hatte, darüber zur Rede gestellt, die Frechheit, zu erwidern, daß er dem h. Vater nicht versprochen habe, jene Ideen auch privatim nicht mehr zu äußern, daß er sich hiezu weder verpflichten wollte, noch konnte."

„Bei solchen Umständen bleiben meines Erachtens nur zwei Mittel übrig: ihn entweder außerhalb Italiens zu schicken oder ganz zu entlassen, Ein Versuch mit dem ersteren Mittel scheint mir nutzlos. Wenn er in so leichten Dingen nicht gehorcht, wie ein Widerruf war, so wird er auch in anderen nicht folgen. Zudem wäre in solcher Weise das Aergerniß nicht geheilt, ja er könnte anderswo neue Aergernisse geben. Schließlich würde sein Eigensinn die Gesellschaft vielen Angriffen bloßstellen. Alle wissen und hören, wie er spricht; und wenn sie keine Mißbilligung von Seite der Oberen vernehmen, so werden sie die Schuld eines einzigen Mitgliedes dem ganzen Orden zur Last legen".

XI.

Eitle Versuche des P. General, den Starrsinn Curci's zu beugen. — Von seiner Klage, er sei ungehört verurtheilt worden. — Er verneint jeden Vorschlag des P. General und erbietet sich zum Austritt aus dem Orden.

Während der P. General mit dem angeführten Briefe pflichtgemäß Vorsorge für die Ehre und die Disciplin der Gesellschaft Jesu traf, machte er in seiner großen Herzensgüte noch einen liebreichen Versuch, den verirrten Curci zu gewinnen. Weil er selbst aber mit dem Manne weder brieflich noch mündlich mehr verkehren konnte, weil derselbe die Annahme von Briefen von seinem höchsten Oberen verweigerte und auch nichts mehr mit ihm sprechen wollte, so schrieb der P. General an einen Pater, welchen Curci „einen jungen untergeordneten Oberen" nennt, er möge auf gute Weise den P. Curci dazu vermögen: 1) die verlangte Erklärung abzufassen, 2) gutwillig außerhalb Italiens zu gehen, damit er sich jede Gelegenheit zum Rückfall abschneide, 3) nicht für sich, sondern in Gemeinschaft mit seinen Ordensbrüdern zu leben.

Curci war von Neapel nach Florenz zurückgekehrt am Morgen des 29. August 1877. Am nämlichen Morgen stellte er sich diesem seinem unmittelbaren Oberen und machte seinem Aerger in bitterer Weise Luft. Dieser Obere, ein in ganz Italien hochberühmter Kanzelredner, erzählt jenes Zusammentreffen in folgender Weise:

„Curci sagte mir, ich solle dem P. General schreiben, er (Curci) sei von der (angeblichen) bittern Härte der Briefe des Generals so angewidert, daß er keine mehr von ihm annehmen werde; sollte je noch einer anlangen, so werde er ihn sofort ungelesen zerreißen. Obgleich mir dieser unwürdige Ausdruck an zwei Tagen wiederholt worden war, so schrieb ich ihn doch einer plötzlichen, heftigen, daher entschuldbaren Gemüths=Bewegung zu, und hielt es besser, ihn still hinzunehmen. Auch wollte ich ihn unserem innigst geliebten P. General nicht mittheilen, um sein ohnehin zerrissenes Herz nicht auf's Neue nutzlos zu betrüben. Ich begnügte mich also, ihm zu schreiben, daß Curci keine Briefe mehr von ihm annehmen wolle".

„Und dies war jener Mann, der unaufhörlich darüber klagte, er werde ungehört verurtheilt. Ich antwortete ihm: Aber der Weg steht Ihnen offen; Sie selbst gestehen, daß Sie jedes Mal, so oft Sie wollten, von unserem P. General bereitwillig angehört und mit vieler Nachsicht behandelt worden sind. Sie kennen seine natürliche Milde. — „„Nein! Nein! ich gehe nicht zu ihm!"" — Nun so schreiben Sie an ihn! — „„Auch nicht!"" — Aber warum beklagen Sie sich dann?"

Curci gesteht in seiner Schrift, daß er in der That „vom P. General immer mit Wohlwollen aufgenommen worden sei" (S. 182), und er läugnet nicht, daß er nach seiner Rückkehr nach Toskana sich geweigert habe, zu ihm zu gehen und mit ihm zu sprechen. Und doch! Wer sollte es glauben? Nach Allem, was wir bisher, mit den Dokumenten in der Hand, dargelegt haben, nach allem Jenem, was er weiß und wir hier nicht sagen wollen, hat er noch den Muth, sich vor der Oeffentlichkeit als unschuldiges, als ungehört verurtheiltes Opferlamm aufzuspielen und gar noch seine verdrießliche Maulhängerei gegen den höchsten Ordens=Obern mit dem demüthigen und göttlichen Stillschweigen des duldenden Jesus zu vergleichen, „der Jenen nicht antwortete, die ihn fragten". (A. a. O.) Und dieser Mann hat fünf Bände über Erklärung der Evangelien geschrieben!

Zwar scheint er weiter unten (S. 194) einige Reue darüber zu empfinden, daß „er sich dem Oberen nicht vorstellte und ihm die Angelegenheit nicht auseinandergesetzt habe"; er bekennt ohne Anstand, „sicher sei es ein zweites Versehen seinerseits gewesen, daß er es weder gethan, noch auch versucht habe". Aber warum beschuldigt er dann seinen Oberen und nicht sich selbst? Warum schiebt er dann die sämmtlichen anderen „Versehen" in Führung seiner eigenen Sache nicht auf den Einzig=Schuldigen, auf sich selbst, auf seine verstörte Phantasie, auf seine bethörende Eigenliebe?

Der obengenannte örtliche Obere Curci's zu Florenz fährt in folgender Weise fort: „Der ehrwürdige hochbetagte P. General hatte kaum meinen Bericht erhalten, als er wie ein trostloser Vater, der über den nahen Fall eines Sohnes jammert, in einem rührenden Briefe mich bat (er hätte es mir befehlen können), ich möchte doch versuchen, den P. Curci vom Abgrunde zurückzuhalten. Er selbst könne Nichts thun, da Curci nicht auf ihn hören wolle; darum solle ich noch einen Versuch machen, zu ihm hingehen, auf's Neue mit ihm sprechen und ihm zu verstehen geben, seine Entlassung aus dem Orden werde demnächst erfolgen; es sei aber noch eine Rettung möglich, nämlich die schuldige Unterwerfung."

Auch dieser letzte Versuch fiel in's Wasser. Curci weigerte sich, außerhalb Italiens zu gehen, anderswo sich niederzulassen, in einem Hause oder Kollegium der Gesellschaft zu leben, wenn das Land auch noch so gesund und angenehm wäre. Was die verlangte Erklärung betrifft, so sagte er, er wolle darüber nachdenken. Wirklich brachte er bald darauf eine Formel, die er sich erbot drucken zu lassen, aber nicht abgesondert für sich, sondern in seiner Vorrede zu Vorlesungen über das Buch Tobias, die er damals herausgeben wollte. Es wurde ihm jedoch zu bedenken gegeben, daß diese Erklärung zu unbestimmt und zu enge sei; denn eigentlich sagte er darin nur, er wünsche in seinen Schriften Alles verbessert und ausgemerzt zu sehen, „was weniger ehrerbietig gegen die höchste kirchliche Autorität sei, und er wünsche dieses, um jeder Gefahr des Aergernisses vorzubeugen". Diese Phrasen drückten zu wenig, besser: gar Nichts aus. Es wurde ihm daher die folgende kleine Aenderung vorgeschlagen: „Was in dieser Schrift und in anderen von mir verfaßten Büchern den Gläubigen Anlaß zum Aergernisse gegeben hat, sei es durch den Inhalt meiner Urtheile, sei es durch die weniger ehrerbietige Form ꝛc." — Konnte man weniger verlangen? Dennoch weigerte sich Curci entschieden, jene Aenderung des Textes anzunehmen; und darum ließ der Obere von Florenz nur so von Ungefähr das Wort „Entlassung" fallen. Curci erwiderte: „Komme, was kommen will! Besser ist es, daß die Gesellschaft den Streich führe! Aber sie möge es bald thun, denn der Todeskampf dauert bereits zu lang."

Und trotzdem hat Curci den Muth, mit Bitterkeit in seiner ganzen Schrift zu behaupten, daß er nicht freiwillig aus dem Orden getreten sei, sondern man habe ihn weggejagt! Wie wurde er entfernt? Wie kann er (S. 197) ausrufen: „Was konnte ich Weiteres thun, um im Orden zu bleiben, und hätte es nicht gethan?" Ein einziges Ding hat er nicht gethan, das Eine, was er thun mußte, nämlich gehorchen und seinen Oberen sich unterwerfen, wie seine Ordens-Profession und sein feierliches Gelübde des Gehorsams erheischten. Das Einzige, was er hätte thun sollen, das that er nicht, und darum blieb er nicht; aber er blieb nicht, weil er nicht bleiben wollte.

Wir fahren nun mit dem Berichte des Oberen zu Florenz fort. Derselbe schreibt:

„Als der erste Versuch in's Wasser gefallen war, machte ich einen zweiten. Ich wiederholte ihm, diesmal jedoch deutlich und verständlich, das **Dekret seiner Entlassung** stehe vor der Thüre. Er erwiderte mit gleicher Unverfrorenheit: „„Die Gesellschaft Jesu wird dieses nie thuen"".

„Eine von jenen großen Verblendungen, an denen er bei der ganzen Sache litt, war jene, daß er sich lange Zeit damit schmeichelte, es sei den Oberen nicht Ernst. Vielleicht wegen seiner Talente und seiner Verdienste wollte er sich nicht überzeugen lassen, daß man schließlich zum Schärfsten greifen müsse, wenn er auf seiner Weigerung beharre."

„Aber er täuschte sich. Sicher geht die Gesellschaft Jesu in derartigen Angelegenheiten mit reiflichem Urtheile, mit Langsamkeit und äußerstem Widerstreben zu Werk. Sicher blutet ihr das Herz, wenn sie ein Glied von ihrem Körper schneiden muß, besonders wenn dasselbe eines der tüchtigsten und thätigsten gewesen ist. Aber sie bebt auch nicht zurück, mit Abraham einen Isaak zu opfern. Sie liebt ihre großen Männer, aber noch mehr ihre großen Grundsätze. Sie geht geradenwegs auf der Bahn der Pflicht vorwärts und sieht auf nichts Anderes."

„Ich erwiderte ihm daher, er solle sich jene Vorstellung aus dem Sinne schlagen; sie sei ebenso falsch, als für ihn schädlich. Er möge unzweifelhaft festhalten, daß die Sentenz unwiderruflich werde gefällt werden. Darauf sagte er: „„Aber dann werde ich drucken lassen"". — Thuen Sie es nur! Sie werden Antwort erhalten."

XII.

Curci geht nach Rom. — Was er dort hörte. — Seine Unterredungen mit dem Cardinal-Staatssekretär. — Der Traum vom moralischen Zwange und wunderliche Skrupel. — Er unterwirft sich und bereut es wieder.

Wenige Tage darauf äußerte Curci seinen Entschluß, nach Rom zu gehen, wie er (S. 184) sagt, „um dort reinen Wein zu erhalten und zu erfahren, mit wem er es eigentlich zu thun habe". Er hatte sich nämlich eingebildet, oder stellte sich so, als habe er mit ganz anderen Leuten zu kämpfen, nicht mit den Oberen der Gesellschaft Jesu. Diese stillen Gegner steckten sich, meinte er, hinter die Auktorität und den Namen des Papstes, nur um ihm (Curci) die Ueberzeugung beizubringen, daß der

Papst von ihm verlange, was der P. General (im Namen dritter Personen) dem Curci auferlegte. In der That war Seine Heiligkeit nach Pflicht und Schuldigkeit wahrheitsgetreu vom Sachbestand unterrichtet, hatte bereits dem P. General antworten lassen, er lege Alles in die Hand desselben, gebe ihm vollste Freiheit des Handelns und die nöthigen apostolischen Vollmachten, damit er gemäß den kanonischen Vorschriften, der Ordensregel und den Konstitutionen der Gesellschaft Jesu gegen Curci vorangehe. Wenn demnach Curci nach Rom ging, um da etwas Anderes zu hören, als man ihm in Florenz gesagt hatte, so war er umsonst gereist.

Sonnenklar wurde ihm in Rom vorgestellt, und er selbst erzählt es (S. 185), daß ihm Alle in diesem Sinne zusprachen: Er müsse gehorchen und sich unterwerfen. Wie konnten ihm die hochachtbaren Männer vom Weltpriester- und Ordensstande, die er besuchte, etwas Anderes sagen? Noch Etwas erfuhr er. Zu Rom, und besonders im Vatikan, wußte man viel von jenen Privat-Gesprächen, die er zu Mailand während des Mai-Monates „zur Bethörung der dortigen Jugend", wie er selbst sagt, geführt hatte. Somit war er versichert, daß man ihm in Florenz keinen Bären aufgebunden hatte, als man ihm versicherte, jene seine Privat-Gespräche seien in Rom sehr bekannt und hätten dort überaus mißfallen, besonders nachdem Curci im vergangenen Februar dem hl. Vater so schöne Versprechungen gemacht hatte. Endlich hörte er in Rom, daß es wahr, und keine Florentiner Erfindung sei, daß die Abhaltung der Fastenpredigten zu Turin im Jahre 1878 ihm vom dortigen Erzbischofe verweigert worden sei, weil dieser Oberhirte erfahren hatte, daß zu Rom oder „am päpstlichen Hofe" derartige Predigten Curci's gar nicht gern gesehen wären. Er erfuhr ferner, daß „seine große Schuld" (S. 186), vor der Mailänder Jugend über Dinge und besonders für Religiosen ehrwürdige Personen geschmäht zu haben, in Rom wohl bekannt sei.

Alle diese Wahrnehmungen mußten ihn endlich aufklären, daß der „reine Wein" über seinen Handel in Rom geradeso war, wie in Florenz, und daß er durchaus mit Niemanden sonst, als mit seinen rechtmäßigen Ordens-Oberen zu thun hatte.

Hätte er darüber noch irgend einen Zweifel gehabt, so mußten ihn vollends die drei Audienzen aufklären, die ihm der Kardinal Simeoni, Staatssekretär des hl. Vaters, huldreichst gewährte.

Curci spricht davon in seiner Erzählung, aber nach Gewohnheit mit Verschweigung des ihm nicht Zusagenden und mit Uebertreibung dessen, was er für dienlich erachtet. Als er jedoch sein Buch schrieb, mußte er Einen Umstand nicht: daß nämlich Se. Eminenz der Kardinal aus Güte und in feinem Takte dem General der Gesellschaft Jesu vom Inhalte der drei Audienzen Nachricht gegeben hatte; und so kann man nach einem uns vorliegenden authentischen Aktenstücke ergänzen und verbessern, was Curci in seiner Darstellung übergeht oder verdreht.

Der Kardinal hörte die heftigen Ergüsse des Mannes ruhig und gütig an und sagte ihm: es seien von verschiedenen Seiten, nicht blos aus Mailand, Klagen eingelangt über den großen Schaden, den er besonders durch Privat-Gespräche im Kreise junger Männer angestiftet habe; man habe ihm daher, nicht derartige Gedanken, wohl aber solche Reden verboten. Curci wagt, diese Thatsache eine Unwahrheit (falsità) zu nennen. (S. 186.) Wie kann man ihm aber glauben, wenn man die Zeugnisse der Zuhörer bei seinen Privat-Gesprächen in Händen hat? Wollten wir im Einzelnen die Namen, die Personen, die Orte, die Ausdrücke des H. Curci ꝛc. veröffentlichen, so würde der Mann mehr verdemüthigt, als angestaunt werden.

Zudem drang der Kardinal in Curci, sich in Allem dem P. General zu fügen und zu unterwerfen. Curci überreichte Sr. Eminenz das Schema einer Erklärung, die er zu veröffentlichen bereit sei. In demselben versprach er, über das „gefürchtete Thema nie mehr, weder in Wort noch in Schrift, sich auszulassen". Der Kardinal erwiderte, auch das Wörtchen „privatim" müsse dabei stehen, und ferner, daß in dem Relativ-Sätzchen zu „minder ehrerbietig gegen die kirchliche Behörde" der Zusatz „und minder wahr" kommen müsse.

Curci spricht in seiner Broschüre (a. a. O.) von „unerträglicher Gewaltthätigkeit", die man ihm hiemit angethan habe, und läßt sich gegen seine eingebildeten Feinde in einer langen Diatribe aus, die zum Lachen stimmt. Schon der Kardinal hatte ihm bewiesen: da es sich bei diesem Gebote nicht um eine Sünde handle, die man ihm etwa zumuthen wolle, so müsse er als Katholik, als Priester und noch mehr als Religios hierin dem P. General gehorchen. Es handelt sich nicht um „das neue Dogma der demnächstigen Restauration der Päpstlichen Herrschaft", wie er (S. 187) immer wieder vorbringt, sondern darum, daß er aufhöre, nicht blos das absonderliche Dogma seiner eigenen Prophezie,[1] sondern noch vielmehr die daraus gezogenen praktischen Regeln zu verbreiten, die im Widerspruche mit den Anweisungen und Anschauungen des obersten Hirten der Kirche stehen. Eine solche Anforderung an ihn lag vollkommen im Rechte der Oberen; diese selbst aber thaten nicht seinem Gewissen Gewalt an, sondern bewahrten dasselbe vor den Sünden des Aergernisses und der Ehrabschnei-

---

[1] Nämlich die weltliche Herrschaft des h. Vaters werde nie mehr hergestellt werden.

dung, in die er sonst gefallen wäre. Jeder Obere kann seinem Untergebenen verbieten, von gewissen, auch an sich erlaubten und wahren Dingen sogar privatim zu sprechen, sobald wichtige Gründe dies erfordern. Um wie viel mehr kann er es, sobald die Dinge chimärisch oder unpassend sind, den kirchlichen Behörden gerechten Grund zu Klagen und den Gläubigen Gelegenheit zur Zwietracht und Schmähsucht bieten! Dies aber war der Fall in der Sache Curci's, mag er wollen oder nicht.

Demnach waren alle jene Gewissens-Aengsten, von denen Curci schwadronirt, falls er den Vorschlag des Kardinals angenommen hätte, bloße Scherze der Phantasie und Skrupel, die ein einfältiger Novize ohne ascetische und moral-theologische Vorbildung hätte lösen können. Und thatsächlich schälte sich Curci vor den Augen des Kardinals von jenen Skrupeln los, indem er nach seiner eigenen Erzählung (S. 188) „sofort eine Feder ergriff und im schriftlichen Entwurfe die Worte „auch im Priat-Verkehre" beifügte und das Papier zurückließ, damit es der zuständigen hohen Person überreicht werde." Ja er setzt (a. a. O.) noch bei, er habe dies in „einem gewissen instinktiven Gehorsame, der Folge einer langen Angewöhnung" gethan. Dieser „instinktive Gehorsam" mag den Lesern desto interessanter sein, je weniger sie Spuren davon in der Brochüre Curci's entdecken können. Ja „bei näherem Nachdenken fand Curci sofort, daß er einen großen Fehler begangen habe", als er dem Instinkte nachgab; er ging am folgenden Morgen wieder zum Kardinal, „um jenes unüberlegte Versprechen zurückzunehmen". (S. 188.) Der Kardinal gab nicht nach und bedeutete ihm: wenn Curci aufrichtig handeln wolle, so müsse er eine ehrliche und von jeder Zweideutigkeit freie Formel gebrauchen. Dann fragte der Kardinal fein, wer ihm aufgetragen habe, sich in politische Händel zu mischen; und er ermahnte ihn, darauf zu denken, durch die Verrichtungen des priesterlichen Amtes gemäß seinen Regeln Gutes zu thun; das Uebrige solle er Jenen überlassen, welche das Amt und den Beruf dazu haben. Dies war eine kostbare Wiederholung aller jener Mahnungen, welche der H. Curci von seinen Oberen bisher so oft hatte hören müssen. Aber Alles war vergebens.

XIII.

Letzte Unterredung Curci's mit dem Kardinal. — Geistreiche Verdrehung einer Antwort. — Wiefern der Papst sich in die Sache Curci's mischte, und wiefern nicht. — Curci's Austritt aus dem Orden „ist anderen Fällen dieser Art ganz ähnlich".

Curci berichtet, in der dritten Audienz habe ihm der Kardinal die schriftliche Erklärung, die als Postscriptum in den „Vorlesungen über das Buch Tobias" hätte gedruckt werden sollen, zurückgegeben und dabei gesprochen: „Hiemit wollen wir keine Entscheidung getroffen haben. In dieser Angelegenheit, einschließlich Ihrer Entlassung aus der Gesellschaft Jesu, ist Alles dem Urtheile des P. General anheimgegeben." Unmittelbar darauf läßt Curci (S. 189 f.) in großer Schrift drucken: „Der hl. Vater wollte sich nie in meine Angelegenheit mischen, und hat sich in keiner Weise darein gemischt, noch auch irgendwie Anordnungen darüber erlassen." Sofort nach diesem Satze spielt der Mann den vom Tode zum Leben Erweckten und stimmt einen erbarmungswerthen Triumphgesang an, wie ein Mensch, der aus einer großen Täuschung erwacht sei. Er sieht, er greift es mit Händen, daß er von Jenem hintergangen sei, der ihm beigebracht hatte, der hl. Vater stehe im Hintergrunde seiner Angelegenheit und mißbillige seine Denk- und Ausdrucksweise 2c.

Aber langsam! Vor Allem gesteht Curci, er wolle nicht behaupten, daß dies der genaue Text jenes Satzes gewesen sei, wohl aber sei der Inhalt der Worte des Kardinals darauf hinausgelaufen. Nun aber hängt bei solchen Dingen Alles vom genauen Wortlaute ab. — Ueberdies hat Curci ein wesentliches Moment verschwiegen. Nachdem er nämlich den Kardinal gefragt hatte, was der hl. Vater über diesen Handel denke, erwiderte ihm der Staats-Sekretär: „Der hl. Vater sei derselben Ansicht, wie er (der Kardinal), daß sich nämlich Curci dem P. General unterwerfen müsse." Ja, es kommt noch schlimmer. Jene Worte, die Curci in großen Lettern drucken ließ als einen Ausspruch über seine Angelegenheit, waren gar nicht in diesem Sinne gesprochen, sondern mit Bezug auf die Fasten-Predigten in Turin, in Betreff welcher Curci den Kardinal gefragt hatte, ob denn eigentlich der hl. Vater Befehl zum Verbote jener Predigten gegeben habe. Also beruhen alle Siegesgesänge und Schmähungen, welche Curci aus Veranlassung der oben citirten Worte sich erlaubt, auf einer Grundlage, die man in der Dialektik „falsche Voraussetzung", in der Moral aber ganz anders nennt.

Daß sich übrigens der Kardinal in der genannten Weise gar nicht über Curci's Angelegenheit aussprechen konnte, ersieht man aus der

es Mannes. Der Kardinal bedeutete ihm von Anfang
n überreichte Postscriptum zum Zwecke der nöthigen
te." Wem nicht genügte? Offenbar nicht allein dem
einer anderen hohen Person, in deren Namen der
chdem daher Curci jenen schriftlichen Widerruf „aus
hatte, wie der Kardinal es wünschte, ließ er ihn zur
zustehende hohe Persönlichkeit zurück. Wer ist nun
velcher der Kardinal den Widerruf einhändigen sollte?
er über dem Kardinale steht! Und als Se. Eminenz
rruf wieder zustellte, setzte Dieselbe mit einiger Kälte
f sei nicht huldreich hingenommen worden." (S. 186.
enn? Sicher von einer Person, welcher das Urtheil
erruf gnädig oder ungnädig anzunehmen sei. Somit
ne Worte, daß der Spruch des Staatssekretärs: „Der
icht in die Sache gemischt" sich vernünftiger Weise
mt=Angelegenheit Curci's, sondern nur auf einen
uriner Predigten, bezogen.
merkt, wollte der hl. Vater Seine eigene Person nicht
eise in die Sache Curci's einmischen. Darum ließ er
Gesellschaft Jesu volle Freiheit. Er erblickte in Curci
iosen, der in einer wichtigen Sache förmlich seinem
den Gehorsam verweigert. Von dem Vorgange unter=
Vater das kluge und liebreiche Vorgehen des P. Ge=
ntlassung Curci's, welcher Profeß der Gesellschaft war,
ht des hl. Stuhles erheischt wurde, so gab der Papst
mfange und verlangte, man solle nach den gewöhn=
rdens=Disciplin weiter gehen. Dies also ist die Weise,
apst mit der Sache befaßte, und inwiefern nicht.
herigen kann man abnehmen, daß auch nach dem
uhles die specielle Curci'sche Sache „anderen Fällen
", wie ein Ei dem andern; Fällen, wo Religiosen
eten oder ausgewiesen werden, weil sie sich gegen die
valt ihrer Oberen empören. Deßhalb hat Curci in
der Florentiner ‚Armonia' einen baren Unsinn vor
, daß nämlich sein Austritt „wenig oder Nichts mit
er Art gemein habe". Der einzige Unterschied zwischen
llen der Art, die wegen menschlicher Schwachheit nie
ausbleiben, ist der, daß viele Ausgewiesene oder Ab=
ten, um ihren Leidenschaften zu fröhnen, daß aber
habe sich empört, um Christo und Seiner Kirche besser

XIV.

Curci macht der freimaurerischen Tagespresse Mittheilungen. — Er verlangt förmlich vom P. General die Entlassung aus dem Orden. — Ob er hierbei der aktive oder passive Theil gewesen sei?

Wir untersuchen nicht jenen ganzen Wust von Trugschlüssen, Hohnreden und Grobheiten, der sich fast durch drei Seiten der Broschüre Curci's (188—191) durchzieht und durchaus auf jener angeblichen „kostbaren Enthüllung" beruht, deren Werthlosigkeit wir bereits nachgewiesen haben. Eine Sache, die solcher Krücken bedarf, ist nicht blos schief, sondern verloren.

Weil jedoch Curci mit der „kostbaren Enthüllung", die er im Vatikan bekommen hatte, wohl Andere, aber nicht sich selbst täuschen konnte, so war er auf der richtigen Spur: „Ich mußte begreifen, daß meine Reise nach Rom ganz nutzlos gewesen war, weil meine Sache durchaus von dem Urtheile des P. General abhing." (S. 189.) Auch hiebei macht er den Vorwurf, der Obere habe „als Exekutor, nicht als Richter" an ihm gehandelt.

Wahrlich! Wenn man solche Widersprüche innerhalb weniger Seiten der nämlichen Schrift lesen muß, so kommt der Gedanke, ob denn der Verfasser bei gesundem Verstande gewesen sei.

Inzwischen fingen die geheimbündlerischen Zeitungen Rom's an, über die Affaire Curci zu sprechen und zu lärmen. Natürlich vertheidigten sie den Mann mit gezücktem Degen gegen die Tyrannei des Vatikan's. Ja ein Blatt dieser Art, dessen Redacteur ein Jude ist, veröffentlichte in extenso die letzte Unterredung Curci's mit dem Kardinal-Staatssekretär, das famose Post-scriptum, das als Widerruf von Curci eingereicht und wieder zurückgenommen worden war. Dies mußte dem Kardinal die Ueberzeugung beibringen, daß Curci durch solche That seinen Widerruf widerrufen hatte, in den Vollgenuß seines „Rechtes" eingetreten war, auch „privatim", sogar bei jüdischen und liberalen Journalisten, zu schwatzen, was und wie er wollte.

Hieraus kann der Leser schließen, daß der P. General mehr als Einen Grund hatte, dieses störrische Mitglied aus dem Orden zu entlassen. Aber Gott fügte es so, daß der Mann selbst um die Entlassung bat, und zwar in so förmlicher Weise, daß nicht einmal er es läugnen kann.

Unter dem 16. Oktober 1877 schrieb er von Rom an den P. General: „Da ich glaube, daß man zum Aeußersten schreiten muß, so wäre es mir weniger unangenehm, wenn Euer Hochw. aus sich selbst, nicht auf meine Bitte die Entlassung verfügen wollten. Denn ich wäre verpflichtet, an die hl. Kongregation zu rekurriren. . . . Ich möchte Rom nicht verlassen vor dem Abschlusse dieser Angelegenheit, bitte also um die thunlichste Beschleunigung."

Dieses Dokument beweist augenscheinlich, wie Curci aus dem Orden „ausgestoßen" worden sei. Seine eigenen Worte sind (S. 192): „Ich wurde entlassen, d. h. ausgewiesen oder ausgestoßen; diese Wörter sind passiv, ihr aktiver Sinn bezieht sich auf den Oberen, welcher entläßt, ausweist, ausstößt."

Der Mann hatte seinem Oberen geschrieben: Seien Sie so freundlich, mich wegzuschicken, damit Sie mir die Weiterungen ersparen; denn ich müßte mich an jene Römische Kongregation wenden, von welcher die Entlassung der Regularen aus ihrem Orden abhängt. Eigentlich gehe ich fort, aber aus Gefälligkeit schicken Sie mich weg! Ich bitte Sie ausdrücklich darum, aber sagen Sie Nichts davon, daß ich bitte. Entlassen Sie mich und machen Sie schnell!

Der Aermste dachte wohl an das Wort, das er einst auf der Kanzel dem Volke erklärt hatte: „Was du thun willst, das thue bald!" und wollte es, mit Verwechselung der Rollen, auf sich angewendet wissen.

Möchte dem bedauernswerthen Ex-Pater diese Logik vom Welten-Richter Jesus Christus gnädig ausgelegt werden, wenn Rechenschaft für den verscherzten Ordensberuf abzulegen ist!

Die Ausrede: wenn er nicht die Entlassung verlangt hätte, so wäre sie ihm dennoch gegeben worden, hilft ihm Nichts. Ja, gegeben wäre sie ihm worden in dem Falle, daß er auf seiner Widerspenstigkeit bestand. Aber wäre er sogar in diesem Falle weniger schuldbar gewesen? Wenn Jemand aus Eigensinn alle nöthigen Vorbedingungen für eine festbestimmte Wirkung setzt, ist dann die Wirkung nicht eine frei gewollte? Ist dann nicht er dafür verantwortlich?

Wunderlich war es ferner, daß nach dem Eintreffen der Entlassung er der Erste, ja der Einzige war, welcher öffentlich äußerte: Er selbst habe dieselbe verlangt. Er sagte dies Allen, so daß sogar die Reporters der jüdischen und freimaurerischen Blätter Rom's das Ding erfuhren, es ausposaunten und kommentirten. Wenn nun Curci in der öffentlichen Meinung als „ausgestoßen" passiren wollte, warum druckte man denn, er sei „freiwillig ausgetreten"?

XV.

Brief des P. General, womit er die Entlassung Curci's begleitet. — Rand-Glossen des Mannes dazu. — Wer wohl das letzte Wort haben wird. — Schluß.

Was sollte nach der unüberlegten Bitte Curci's der P. General noch thuen? Er konnte nur die Augen zum Himmel erheben und im Schmerze seiner Seele die wahren Worte zum Herrn sprechen: „Was hätte ich Weiteres thun können und hätte es nicht gethan?" Er konnte sodann nur den Brief vom 22. Oktober 1877 schreiben, jenen Erguß eines väterlichen Herzens, welcher später durch die Presse von ganz Europa lief und die schönste Rechtfertigung des hochverehrten Mannes und der Gesellschaft Jesu lieferte.

Curci schien (S. 168) vorausgesetzt zu haben, der P. General werde das an ihn adressirte und von Anderen abgefaßte Dokument einfach unterzeichnen. Wirklich ließ er so Etwas durchblicken. Aber alle Briefe, welche der P. General in diesen letzten Jahren an Curci geschrieben hatte, waren von ihm selbst ausgearbeitet, geschrieben und unterzeichnet worden; denn trotz seiner mehr als achtzig Jahre hat er durch Gottes Gnade einen Geist voll Klarheit und Jugendkraft, spricht und schreibt er auch das Italienische korrekt, wie so manche andere Sprache Europa's. Sein Brief an den Verirrten lautet:

„Ich habe den Brief erhalten, in welchem E. Hochw. mir den Wunsch aussprechen, von mir die Entlassung aus der Gesellschaft Jesu zu erhalten."

„Für mich ist es immer ein schmerzlicher Akt, jenes hl. Band, durch welches ein Mitglied mit unserer Gesellschaft verbunden ist, lösen zu müssen; aber im vorliegenden Falle verursacht ein solcher Akt meinem Herzen eine solche Betrübniß, daß ich sie unmöglich in Worten aussprechen kann."

„Ew. Hochwürden haben sich seit einiger Zeit Ideen in den Kopf gesetzt, die Sie politische zu nennen beliebten, die aber in der That die hochheiligen Interessen der Kirche und die Art, sie unter den gegenwärtigen Verhältnissen zu regieren, betreffen. Und um diese Ihre Ansichten aufrecht zu erhalten, haben Sie kein Bedenken getragen, sich als Richter Jener aufzuwerfen, welche unser Herr als Regenten Seiner Kirche bestellt hat. Gegen den Willen Ihrer Oberen wollten Sie darauf beharren, jene Ihre Ideen, obgleich dieselben eine große Beleidigung für den Statthalter Jesu Christi und ein Aergerniß für die Gläubigen sind, aufrecht zu erhalten und, was noch schlimmer ist, Anderen beizubringen, in Wort und Schrift auszubreiten. Nachdem ich Sie wiederholt, mündlich und schriftlich, gewarnt, aber kein einziges Mal einen Erfolg erzielt hatte, da ich ferner zuletzt hatte sehen müssen, daß jene Ihre Grundsätze und Ansichten in den öffentlichen Blättern jeder Farbe veröffentlicht und besprochen wurden, so erkannte ich es als meine Pflicht, dem hl. Vater eine Genugthuung zu leisten, das den Gläubigen gegebene Aergerniß zu heben oder doch zu verringern und öffentlich zu zeigen, daß unsere Gesellschaft bei der hohen Verehrung und dem vollkommensten Gehorsam gegen den hl. Stuhl, die im Wesen unseres Instituts liegen, jene von einem Mitgliede verbreiteten Ideen nicht annimmt, sondern mißbilligt und verwirft. Deßhalb habe ich es als meine Pflicht erkannt, Euer Hochw. einen öffentlichen Widerruf zu befehlen. Statt nun zu gehorchen, wie Sie feierlich Gott und Ihren Oberen angelobt haben, verlangen Sie vielmehr Ihre schleunige Entlassung aus der Gesellschaft Jesu."

„Wenn ich aber bedenke, daß Sie 51 Jahre in der Gesellschaft gelebt, in derselben Ihre ganze literarische und religiöse Bildung genossen, daß Sie mit Ihren seltenen Talenten der Religion im Allgemeinen und unserer Gesellschaft im Besonderen ausgezeichnete Dienste geleistet haben und noch leisten könnten, sobald Sie die von unserem Institute vorgeschriebenen Pfade des Gehorsams einschlagen wollten; — wenn ich jetzt erleben muß, daß Sie fest entschlossen sind, lieber aus dem Orden zu treten, als Ihren sonderbaren Ideen zu entsagen, — dann kann ich nur den höchsten Schmerz über Ihr Entlassungs-Gesuch empfinden."

„Weil Sie aber sich nicht dem Gehorsam unterwerfen wollen, ja sogar erklärt haben, Sie wollten keine Befehle mehr von mir annehmen, und da Sie mich wiederholt aufgefordert haben, ‚den dünnen Faden, der Sie noch mit der Gesellschaft Jesu verbinde, zu zerreißen‘, so bleibt mir nurmehr die traurige Nothwendigkeit, Ihrem Verlangen nachzukommen, und Ihnen im Namen Gottes und kraft der (mir verliehenen) Vollmachten Sr. Heiligkeit die erbetene Entlassung zu geben. Während ich diesen schmerzlichen Akt vollziehe, bete ich zu unserem Herrn, daß E. Hochw. in der Todesstunde die Ruhe des Gewissens und in der Ewigkeit, die Ihnen Gott bei den Seligen verleihen wolle, den Frieden finden mögen."

Curci hält in seinem Raisonnement über den vorstehenden Brief die Aeußerung für angezeigt, daß von Seiten des Briefstellers „keine Beleidigung Gottes vorliege, denn der Irrthum in den Thatsachen, welcher diese Sentenz materiell ungerecht mache, sei nicht schuldhaft". (S. 193.) Curci ist dagegen durchaus unschuldig, ja er hat Anspruch auf Lob und Bewunderung. „Obgleich die (im Entlassungs-Schreiben des P. General) angeführten Rechtstitel für die Entlassung absolut nicht zutreffen, so könne man doch im bedingten Sinne noch annehmen, daß der entlassende Obere in guter Meinung gehandelt habe; aber hieraus folge auch die unbedingte

Pflicht für den Entlassenen, auf seiner Nicht-Unterwerfung zu bestehen, welche der einzige Grund seines Austrittes gewesen sei." (S. 194.)

Also ist am Ende aller Ende der Priester Karl Maria Curci aus der Gesellschaft Jesu entlassen worden, weil er seiner „unbedingten Pflicht" treu blieb, den Gehorsam seinem General-Oberen zu verweigern, der ihm aufgetragen hatte, eine öffentliche Beleidigung des Papstes wieder gut zu machen und sich fortan als ergebener Sohn des h. Stuhles zu erklären.

Diese Ausreden Curci's sind wohl der deutlichste Beweis, daß er nicht mehr würdig war, einem Orden anzugehören, dessen Existenzgrund der Gehorsam, dessen Ruhm die Willfährigkeit gegen den Statthalter Jesu Christi ist.

„Wenn irgend Jemand, fährt Curci fort, über diese That im Augenblicke des Todes Gewissensbisse wird fühlen müssen, wie man in prophetischem Tone mir in Aussicht stellte, so werde gewiß ich es nicht sein." So antwortet er auf den schließlichen Wunsch des P. General! Der Arme! Er meint, daß auch im schrecklichen Augenblicke des Todes ihm die Sünde des Ungehorsams noch wie ein Verdienst für die Ewigkeit vorkommen werde! Wir beten und flehen zu Gott, daß diese seine Selbst-Täuschung nicht bis an's Ende dauern möge! Dann setzt er bei: „In dieser ganzen Angelegenheit ist das letzte Wort nicht von mir, sondern in sehr ausdrucksvollem Stillschweigen von Anderen gesprochen worden". (S. 195.)

Am Abende des 25. Oktober 1877, erzählt Curci, sei er nach Florenz zurückgekehrt und habe sofort am nächsten Morgen eine Unterredung mit einem Assistenten des P. General gesucht und sich bereit erklärt, „die erhaltene Entlassung als nichterfolgt zu betrachten", ohne daß er jedoch wußte, ob auch der P. General zu einer solchen Erklärungsweise bereit sei. Er sagte, überhaupt sei er zu allen ihm auferlegten Bedingungen bereit, nur „bitte er den P. General, jeden Gedanken an einen Widerruf, der mit seiner Ausweisung aus dem Orden gleichbedeutend sei, aus dem Sinne zu schlagen". Jener Assistent habe ihm zu verstehen gegeben, daß die Gewährung einer solchen Bitte sehr schwierig sei; doch wolle er bis Abend mit dem P. General darüber sprechen. Statt sich jedoch selbst zum General-Oberen zu begeben, habe er, Curci, am Abende des 26. einen Brief an ihn geschrieben des Inhalts: zur Beilegung der Sache stehe immer der Weg offen. Der Leser bemerke wohl, daß Curci erzählt, er habe am Abende des 26. Oktober einen Brief geschrieben, um sich mit dem P. General zu vereinbaren (a tutto comporre). Er konnte nun, wenn er es für angezeigt hielt, mit seinem ehemaligen Oberen sich aussöhnen, aber nicht auf dem Wege strengen Rechtes, sondern auf dem der Gnade.

Inzwischen stellten sich zwei Schriftsteller der „Civiltà cattolica", ehemalige Kollegen von ihm, bei P. General ein, um ein Fürwort für Curci einzulegen, der einige Reue zu empfinden schien, und um an das väterliche Herz des Oberen zu appelliren, damit er den Armen und Reumüthigen wieder in den Orden aufnehme, da sich derselbe zu Allem bereit zeige. Auch überreichten sie die Bittschrift eines dritten Kollegen, welcher warm zu Gunsten Curci's sprach. Es ist gut, wenn der Leser auch diesen kleinen Zwischenfall erfährt, daß nämlich im letzten Augenblicke Jene sich für ihn verwendeten, mit welchen der Verirrte viele Jahre zusammengearbeitet, und von welchen er sich vor dreizehn Jahren getrennt hatte, die er nachher sammt ihrer Zeitschrift unausgesetzt anschwärzte und für seine grimmigsten Feinde einzig deßhalb ansah, weil sie keinen Theil an seinen Ideen, Träumen und vermessenen Urtheilen haben wollten. Auch darf nicht verschwiegen werden, daß der P. General sich zur Güte geneigt und über jenen Akt brüderlicher Liebe gerührt zeigte. Dies war die einzige Rache der Schriftsteller der „Civiltà" an einem Manne, der volle dreizehn Jahre ihnen mit Böswilligkeiten jeder Art in den Weg getreten war. Diese Rache soll auch die einzige bleiben, obgleich Curci in seiner neuesten Schrift alle möglichen Pfeile gegen seine ehemaligen Mit=Arbeiter und ihre Zeitschrift abschießt.

Wenn Curci erzählt, er sei zu Allem, nur nicht zum Widerrufe, bereit gewesen, so möchte auch dieser Umstand unglaubwürdig sein. Wäre in jener Versicherung nicht auch der Widerruf eingeschlossen gewesen, so hätte der Assistent, ein sehr verständiger Pater, nimmermehr den Auftrag übernommen, sich mit dem P. General zu besprechen.

Wie dem auch sei, Curci verfaßte, wie er erzählt (S. 196 f.) inzwischen zwei Erklärungen je nach der zweifachen Weise, in welcher seine Angelegenheit sich erledigen könnte, „übergab Alles in Gottes Hand und wartete einen ganzen Tag in dieser Unentschiedenheit". Als er aber am Abende des 27. Oktober noch keine Antwort zu Gesicht bekommen hatte, so habe er begriffen, daß gegen ihn im ungünstigen Sinne entschieden sei und habe jene von seinen zwei Erklärungen, welche im ungünstigen Sinne lautete, in die Druckerei geschickt. (S. 196.)

Hieraus leitet er ab, daß das letzte Wort in seiner Sache nicht von ihm, sondern von dem P. General gesprochen worden sei. Das also ist jenes „ausdrucksvolle Stillschweigen", welches der Verirrte seinem ehemaligen Oberen als „Gewissensbiß im Augenblicke des Todes" vorwirft.

So leid es uns thut, so müssen wir doch den Herrn Curci öffentlich Lügen strafen. Es liegt uns ein Brief Curci's vom Abende des 26. Oktober 1877 an eben jenen P. Assistent vor, mit welchem er sich Morgens besprochen hatte. In diesem Briefe widerruft er die am Morgen gestellte Bitte, eine Uebereinkunft mit dem P. General einzuleiten; denn P. Beckx „beharre darauf, als kirchliche Lehre ein Urtheil zu behaupten, das dem Curci keine kirchliche Lehre zu sein scheine, ferner einen Widerruf zu verlangen, welchen Curci im Gewissen nicht leisten könne". Er schließt wörtlich: „Ich halte es daher für zuträglich, die ganze Sache so zu lassen, wie Gott sie hat kommen lassen"; und er unterschreibt sich: „Karl Maria Curci, Priester."

Wenn er daher berichtet, er habe am Abende des 26. Oktober einen Brief geschrieben des Inhaltes: „zur Beilegung der Sache stehe immer der Weg offen", so liefert das eben genannte eigenhändige Schreiben des Mannes den augenscheinlichen Beweis, daß er die Wahrheit nicht gesagt hat.

Also ist es falsch, was er sagt, nämlich er habe einen ganzen Tag in dieser Unentschiedenheit gewartet. Wie konnte ihm eine Antwort auf seine am Morgen gestellte mündliche Bitte zukommen, wenn er noch vor dem Abende des nämlichen Tages seine Bitte schriftlich widerrufen hatte?

Wer hat also in dieser Angelegenheit das letzte Wort gesprochen? ... Niemand Anderer, als er selbst! Umsonst strengt er sich an, seine ewigen Widersprüche in Akten und Worten vor dem Publikum zu verbergen, und die Unehre nebst der Schuld Jenem an's Haupt zu werfen, der, wenn ihn je eine Schuld trifft, nur darüber Reue empfinden müßte, daß er allzu langmüthig, nachsichtig und gütig gewesen sei. Gebe Gott, daß dieser letzte Widerspruch Curci's dem armen Verirrten nicht einst beim Gerichte Gottes „im ungünstigen Sinne" gedeutet werde!

* * *

Ohne allen persönlichen Groll haben wir diese „Bemerkungen" begonnen; in der nämlichen Gemüths-Stimmung schließen wir sie. Nicht aus böser Gesinnung gegen den Unglücklichen hatten wir die Feder ergriffen, sondern um im Namen aller Ordens-Mitglieder die von Curci besudelte Ehre unseres gemeinsamen Vaters zu vertheidigen. Dazu waren wir berechtigt und verpflichtet; ein Erguß der Leidenschaft lag uns fern. Wenn unsere Vertheidigungs-Waffen dem Gegner mitunter tief in's Fleisch einschnitten, so möge derselbe bedenken, daß seine Angriffs-Waffen jedes Kriegsrecht überschritten. Fühlte er ein Bedürfniß, sich zu vertheidigen, so mochte er es thuen; aber er durfte sich nimmermehr aller Wahrheit baare Beleidigungen erlauben. Diese sind ist nur eine Waffe dessen, der Unrecht hat; wer sie in die Hand nimmt, darf sich nicht verwundern, wenn sie ihm in der Hand unter den Schlägen der Wahrheit zerbricht.

Zum Schlusse wisse Curci: zur Rache für die schwere Beleidigung, welche er dem ganzen Orden in der Person unseres geliebten P. General angethan hat, versprechen wir, seine ehemaligen Mitbrüder, ihm zwei Dinge, christliche Verzeihung und christliches Gebet. Voll aufrichtigster Liebe zu ihm bitten wir Gott um Erleuchtung für seinen Geist, damit er, unser früherer Kampfgenosse, zu den Füßen des Gekreuzigten erkenne, welch ein Schatz von Weisheit in dem Worte des göttlichen Lehrmeisters liege, an welches unser P. General in seinem Schreiben vom 28. Juli 1875 erinnerte:

„Lernet von mir, denn ich bin sanftmüthig und von Herzen demüthig."

Inhalt.

	Seite
Vorwort des deutschen Uebersetzers.	III
Einleitung.	5

Erster Theil.
Untersuchung der Grundgedanken Curci's.

I. Die zwei ersten Kapitel.	7
II. Das „Dogma vom nahen Triumphe".	12
III. Sonderbare Auslegung der kirchlichen Erklärung in Betreff der Nothwendigkeit der weltlichen Macht.	15
IV. Die „Strömung".	21
V. Die Aussöhnung zwischen der Kirche und Italien.	25
VI. Das katholische Vereinswesen.	29
VII. Die schlechte Tendenz der ganzen Schrift.	35
VIII. Schluß des ersten Theils.	40

Zweiter Theil.
Bemerkungen über die Entlassung Curci's aus dem Orden.

I. Warum Curci's Erzählung über seine persönl. That untersucht werden muß.	42
II. Welcher Eifer den Herrn Curci bestimmte, sich in Sachen zu mischen, die ihn Nichts angingen.	43
III. Wie die Oberen den Eifer des P. Curci zu leiten suchten.	45
IV. Von der Schrift, welche Curci 1875 dem hl. Vater überreichte. — Zurechtweisung wegen dieses und anderer Schritte. — Wie Curci dieselbe aufnahm.	47
V. Geschichte des Verbotes der Fastenpredigten zu Mailand. — Curci erhielt dieses Verbot wegen eines kurz vorher veröffentlichten und ihm zugeschriebenen Werkchens.	50
VI. Ob der P. General der Gesellschaft Jesu für seine Person genaue Kenntniß von dem hatte, was die Schuld Curci's ausmachte.	53
VII. Eine Erfindung Curci's. — Sein Brief an den h. Vater vom Februar 1877. — Sein Auftreten in den Mai=Predigten zu Mailand.	56
VIII. Ohne Zuthun Curci's veröffentlichen die Tagesblätter seine Eingabe an den h. Vater vom J. 1875. - Nothwendigkeit einer öffentlichen Abbitte für das gegebene Aergerniß. — Der P. General befiehlt diesen Akt. — Curci's ausweichende Antwort.	59
IX. Logische Widersprüche Curci's in dieser Angelegenheit. — Neues Drängen des P. General. — Weigerung und auffallendes Benehmen Curci's.	62
X. Stand der Sache Curci's nach der Weigerung des Gehorsams.	65
XI. Eitle Versuche des P. General, den Starrsinn Curci's zu beugen. — Von seiner Klage, er sei ungehört verurtheilt worden. — Er verneint jeden Vorschlag des P. General und erbietet sich zum Austritt aus dem Orden.	67
XII. Curci geht nach Rom. — Was er dort hörte. — Seine Unterredungen mit dem Cardinal=Staatssekretär. — Der Traum vom moralischen Zwange und wunderliche Skrupel. — Er unterwirft sich und bereut es wieder.	70
XIII. Letzte Unterredung Curci's mit dem Cardinal. — Geistreiche Verdrehung einer Antwort. — Wiefern der Papst sich in die Sache Curci's mischte und wiefern nicht. — Curci's Austritt aus dem Orden „ist anderen Fällen dieser Art ganz ähnlich".	74
XIV. Curci macht der freimaurerischen Tagespresse Mittheilungen. — Er verlangt förmlich vom P. General die Entlassung aus dem Orden. — Ob er hiebei der aktive oder passive Theil gewesen sei.	76
XV. Brief des P. General, womit er die Entlassung Curci's begleitet. — Rand=Glossen des Mannes dazu. — Wer wohl das letzte Wort haben wird. — Schluß.	78